Al lector

Gracias por adquirir este libro, en sus páginas, si comprende lo aquí expuesto, descubrirá el poder de la imaginación en la transformación de la vida, tanto en el mundo material como en el mundo mental.

La aplicación de este conocimiento debe estar constantemente evaluado con la ética, la sabiduría, el equilibrio, ser poseedor de un gran poder, acarrea a su poseedor una infinita responsabilidad.

Teniendo en cuenta, que, la mente no posee límites, una proyección luego de liberarla no se puede anular, al abrir la puerta de la imaginación, es similar a abrir una puerta desconocida que jamás podrá ser cerrada. No existe forma de devolver el segundo que ya paso.

En sus manos un grimorio mágico... Úselo con sabiduría...

Omar Hejeile Ch.

AUTOR
Omar Hejeile Ch.

Editorial Wicca, rescata el poder inconmensurable del ser humano y la naturaleza; un poder que todos poseen, sienten, perciben, pero pocos conocen, a través de los textos, programas de radio, se invita sin imponer una verdad o un concepto, para que cada uno que siente el llamado desde su interior, quien descubre la magia de los sueños, y desea obtener el conocimiento, por ende, la transformación de su vida alcance el centro de la **felicidad.**
La vieja religión ha renacido…
y está en sus manos.

WICCA
ESCUELA DE MAGIA

La vieja religión basada en el conocimiento mágico, de viejas culturas perdidas en el tiempo, escapadas del mundo de los hiperbóreos renacen como el fénix la armonía del hombre con la naturaleza.

Wicca, vocablo que procede de Wise, Wizard, significa *"El oficio de los sabios" "Los artesanos de la sabiduría"* Durante milenios de persecución, los documentos antiguos de la vieja religión permanecieron ocultos esperando el momento propicio del renacer, ahora, Wicca, recupera algunos de los viejos conocimientos del influjo lunar, el sol, los grandes Sabbats, el poder secreto de los encantamientos y embrujos, el arte de los sortilegios, el infinito mundo mágico de las plantas, el secreto de las estrellas.

Mas información en :
www.ofiuco.com
www.radiokronos.com
www.wiccausa.com

© 2020
Autor: **Omar Hejeile Ch.**

Derechos Reservados

Título: El Poder de la Imaginación

ISBN: *978-958-8391-60-1*

Sello Editorial: *WICCA E.U. (978-958-8391)*

ENCICLOPEDIA: *"Universo de la Magia"*

Diseño y Diagramación: Mario Sánchez C.

www.ofiuco.com

EL PODER DE LA
DE LA
IMAGINACIÓN

EL PODER DE LA IMAGINACIÓN

Las claves secretas del éxito

Bienvenidos al fantástico mundo de la imaginación de la telaraña cuántica, una experiencia donde la imaginación construye mundos...

"¿Cómo funciona la imaginación?

Una mujer humana de muchos años, pero increíblemente conservada, con una suave sonrisa me miró y dijo: A diferencia de la tierra, la educación no debe ser mecanizada con la recordación sino con la compresión, existe un lenguaje universal, pero millones de dialectos, la imaginación es ese lenguaje, un pocillo sea de arcilla o altamente tecnificado... (Nano sensores entregan información de cómo está la salud simultáneamente, los micro impulsos musculares para sostener el pocillo, la saliva con todos los componentes químicos, la temperatura con la cual consume los alimentos, la forma del ángulo de los ojos al tomar el pocillo y llevarlo a la boca, nadie supone cuantos parámetros de salud se

logran medir con el solo acto de tomar un café, bueno es tecnología del futuro)

Rewgayovh

... El pocillo es el mismo en cualquier planeta, al menos la imagen, los avances tecnológicos en neuro aprendizaje, permiten actuar directamente sobre el cerebro un sistema de conexiones bioeléctricas, pero con varias salvedades, al imponer una imagen, esta va acompañada de una extensa información codificada en impulsos eléctricos, de esta manera, no es solo la imagen sino su significado en miles de lenguajes o dialectos de miles de planetas, el pocillo es el mismo aunque se nombre, se pronuncie, se escriba o simbolice de diferentes formas.

La imaginación es el lenguaje que modifica todo cuanto existe en la vida de un individuo, humano o extraterrestre, en la tierra aún se enseña por repetición, teorías obsoletas, más como negocio que realmente educación.

El sistema de aprendizaje mediante la imaginación comienza por saber imaginar, controlar el pensamiento, tener la capacidad de reconocer cuando las ondas cerebrales son receptoras o transmisoras, codificar los códigos complemento de la información, una especie de información cuántica, el mundo es real cuando se observa, y, sí se crea un mundo mental que otros puedan imaginar, es real.

Antes de transferir la información que se desea, un idioma, el conocimiento de un planeta, cultura, historia una tecnología, etc., Se debe preparar el cerebro para recibir tal magnitud de impulsos de lo contrario colapsaría.

¿Quiere intentarlo?

Quedé paralizado, literalmente paralizado, al inicio no entendí la sugerencia, mi amigo me observo sonriente y con un ademán me invitó, entramos a una... ¿Cómo explico algo que nadie conoce? No es una habitación, pero es un reciento esférico, en el centro una especie de camilla levitando o flotando en un campo magnético, me indicaron que me recostara y estuviera tranquilo, a pesar de haber practicado la hipnosis por mucho tiempo nunca fui hipnotizado, pero es la única manera de exponer lo que sucedió.

Vi sus ojos profundos, suaves, extraños... Mis parpados pesaron... Mi mente entró en un estado de trance... Era consciente pero profundamente relajado, un profundo... Muy profundo estado... De relajación y vacío... Mental... En mi mente como una pantalla, veía imágenes abstractas, colores fulgurantes, miles y millones de rayos de diferentes colores u ondas de vibración me atravesaban, toda la esfera lanzaba destellos... De todos los rincones... En mi estado de trance era consciente... Hasta que entre en un estado más profundo... Todo se desvaneció... Desperté como si hubiera dormido mil horas... Una mente clara, limpia, sosegada... No sé cuánto tiempo transcurrió...

Ha sido una experiencia, de la forma como se transfiere información, conocerá y recordará muchas cosas, pero no sabrá cómo las aprendió... Están ahí en su mente, siempre y cuando las libere, esto pasa en todas las personas, sin necesidad de la tecnología, es conocimiento de otras vivencias, de otros espacios y otros tiempos."

...Fragmento del libro
CONTACTO EXTRATERRESTRE
Donde el siguiente conocimiento tiene origen...

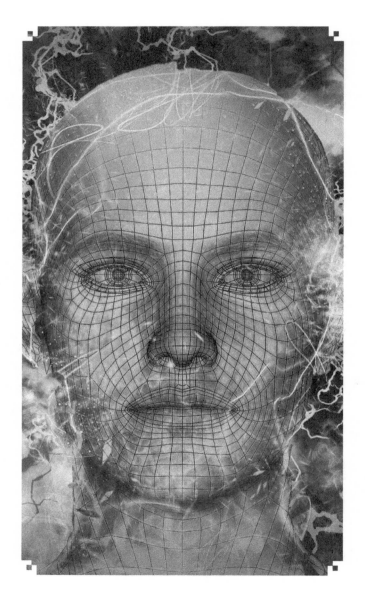

AL OTRO LADO DE LA MENTE
IMAGINACIÓN
EL PODER TOTAL DE LA MAGIA

Imaginar, el arte de construir mundos mentales donde todo es probable, el poder máximo de la creación, el puente infinito que unifica el poder del espíritu para convertirlo en una realidad en el mundo material.

La fuerza de la creación controlada mediante el pensamiento, la vida generadora de la existencia liberada en su plenitud con tan solo un pensamiento.

Para comprender la imaginación mágica desencadenando todo su potencial, se debe comprender los principios que rigen la magia, las fuerzas que dominan la existencia, las leyes que regulan el pensamiento.

Este es un tema complejo y difícil de asimilar, entra en conflicto con todo lo aprendido, fuera de colocar una barrera entre los sentidos y el concepto filosófico.

Pero, es la esencia de la magia, donde los sentidos y la mente poseen otros valores diferentes con lo normalmente conocido.

LA REALIDAD IRREAL

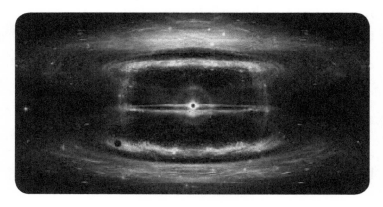

Usted vive en este mundo material, dentro de un cuerpo material, pero, ocurre que todo lo que existe no es real.

Si bien, se vive con ese concepto, muy pocas veces se trata de definir realmente que es el universo.

Con un poco de análisis rápidamente se comprende que, aunque el mundo es real, mientras los sentidos así indican, para la mente, el universo es irreal, cuando se comprende su esencia fuera de lo sensorial.

EL UNIVERSO REAL

El universo y el mundo material, no es lo que aparentemente es. Galaxias, estrellas, planetas, especies, organismos, moléculas, átomos, etc., Todo el universo material es en si la asociación de diferentes vibraciones de energía.

Antes que el mundo existiera, la "nada"; una energía oscura se condensa formando la materia, partículas infinitesimales dan forma al primigenio cuántico, el universo material que conocemos tiene como base la energía.

Ahora, comprender el poder ilimitado de la imaginación nos lleva a otro nivel algo más complejo, pero es importante tener conocimiento de este, así, se comprende mejor cómo funciona la mente y cómo hacer uso de su fuerza.

EL INCREÍBLE CEREBRO

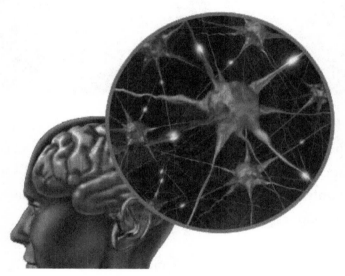

Miremos lentamente que pasa en el cerebro donde radica al parecer la imaginación, la personalidad, el conocimiento, los recuerdos, las emociones, los sentimientos, las sensaciones, en fin, todo lo que usted percibe está "probablemente" alojado en el cerebro.

Este, es en sí, un conglomerado de neuronas, billones si se cuenta con algo bien interesante, el sistema nervioso central que se irradia por todo el cuerpo interna y externamente, en su totalidad es la unión y sinapsis de neuronas.

Hasta aquí todo normal, pero, la realidad es otra bien interesante.

Todo el sistema nervioso que produce la información que recibe el cerebro, termina en el extremo de las neuronas cerebrales.

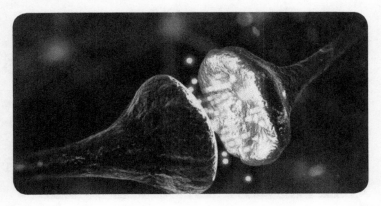

Ocurre que no existe ningún tipo de unión entre una neurona y otra, así que toda la información que reciben los sentidos a través de los cuales se supone la realidad del universo, termina convirtiéndose en algo diferente.

Las neuronas transmiten la información a través del espacio **intersináptico**, un espacio donde no existe ninguna unión material o conexión, una parte de la neurona emite neurotransmisores, la otra los recibe.

Todo el universo que usted supone que existe, todo lo que siente, todo su conocimiento, recuerdos, vida, sensaciones, sentir que posee un cuerpo, sentir dolor, deseos, placer, ansiedad, y el absoluto de lo que usted es junto con su entorno, son solo neurotransmisores.

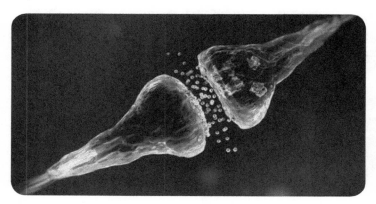

- ⊠ Serotonina.
- ⊠ Dopamina.
- ⊠ Endorfinas.
- ⊠ Adrenalina (epinefrina)
- ⊠ Noradrenalina (norepinefrina)
- ⊠ Glutamato.

⊠ GABA.
⊠ Acetilcolina.

Estos los principales y muchos más son el universo que existe.

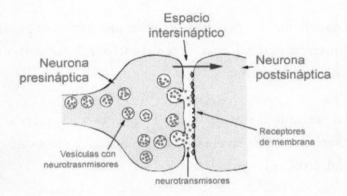

Con esto, se comprende que lo único que llega al cerebro son impulsos eléctricos, todo es energía, esa energía se transforma nadie sabe cómo, en sensaciones, imágenes, pensamientos, que aparecen en la mente, el cerebro altamente diseñado "nos engaña" haciendo creer que hay algo real, colores, mundos, universos, pero nada de eso existe fuera del cerebro, como podemos comprobarlo, todo es un impulso de energía, así la realidad es objetiva.

Sentimos, vemos, comprendemos, olemos, saboreamos, percibimos, somos conscientes de un cuerpo físico, pero todo eso termina en unos neurotransmisores, compuestos de biomoléculas que viajan de una neurona a otra, ¿Cuál es la realidad?

Los billones de neuronas transmiten impulsos constantemente, formando en el interior del cerebro un universo de energía.

La pregunta es simple, si todo lo que existe y se creía que existe es energía en el cerebro que nos hace creer que es real, ¿cual es la verdadera realidad?

Nuestra consciencia está dentro del cerebro que nos hace creer algo, pero ¿qué hay realmente fuera del cerebro?

Para la consciencia todo es real, imaginamos la realidad, pero, el puente, el vacío, la separación donde solo fluyen neurotransmisores, no hay nada. No existe una forma de saber realmente que hay otro lado de la mente, ni de la imaginación.

⬚   ¿Existe realmente un universo?
⬚   ¿Existe la materia?

Si nuestra consciencia llega a una separación nerviosa, ¿como se puede asegurar que al otro lado exista algo? Vivimos atrapados en una ilusión donde creemos o consideramos la realidad, pero esta como tal no existe.

Un tema complejo que sacude el pensamiento, hasta el extremo de considerar que; conocemos el cerebro de forma externa porque lo vemos, lo palpamos, abrimos un cuerpo y allí lo encontramos, analizamos su composición y llegamos al mismo punto todo cuanto vemos de ese cerebro llega a un punto en que se convierte en los mismos impulsos, así que el cerebro como tal tampoco existe.

Con lo anteriormente expuesto, avalado por la neurociencia, ¿usted puede asegurar que el universo es real? ¿O qué el cerebro es real?

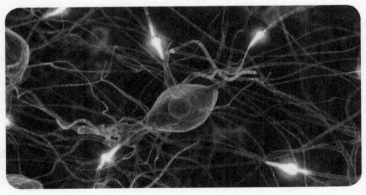

Asaltan muchas preguntas, el cosmos las estrellas, la física que demuestra otros procesos, si todo eso no existe, ¿por qué lo percibimos? Qué pasa con todas las personas, lenguajes, animales, insectos, etc., ¿Cuál es la razón de existir?

La irrealidad relativa del universo es la respuesta, si bien no es, también es cierto que es mientras se habita un cuerpo "aparentemente físico", es aquí donde la filosofía entra a exponer el concepto.

"Aunque el universo no es, ciertamente es, pero, vibra en diferentes escalas, la energía base de todo, fluye en dimensiones, planos, tiempos, crece, se transforma en un ciclo infinito."

El universo existe, mientras usted exista, aunque no sea real.

Bien, con esta pequeña exposición sobre la irrealidad del universo, entremos dentro del poder.

En el universo mental que es real para la mente, se produce una serie de procesos increíbles, fuerzas desconocidas pero percibidas transforman el universo ilusorio, esto quiere decir que, al comprender que el universo no es real, se puede cambiar de acuerdo con la imaginación. De hecho, se considera el universo como real, eso es **IMAGINACIÓN**.

Ahora, la mente, la fuerza interna donde todo existe real o irreal, puede actuar en los dos mundos, el físico que es energía, y el mental que es la constitución de esa energía.

Procesos mentales

Una pregunta, si usted no tuviera el conocimiento de un lenguaje o idioma, ¿cómo pensaría?

La siguiente imagen, usted la ve, pero piensa en su mente en una palabra para definirla, pero ¿si no tuviera ese lenguaje, como la identificaría?

Ahora... Sí tenemos un lenguaje e imaginamos es más fácil, al pronunciar una palabra, imaginamos algo.

Well, inglés, Tum latín, etc., No importa el idioma la imagen es similar.

Así comienza a funcionar la imaginación en dos vías, una palabra desencadena una imagen, una imagen desencadena una información.

Pero más allá, la imaginación puede todo, veamos.

Observe la siguiente imagen ¿cuántos pensamientos y sensaciones se liberan y cuántas puede percibir?

La imaginación no tiene límites y a su vez, produce sensaciones, ¿puede imaginar que siente el frío?

No es pensar en un lenguaje o palabras, es sentir, la sensación del helaje, una imagen sensorial que afecta los sentidos, la mente al crear una imagen envía una señal a las neuronas de manera inversa, otros neurotransmisores afectan el cuerpo la imagen mental se transfiere percibiéndose las alteraciones en el plano físico.

Observe esta fresca, dulce, ácida porción de piña sienta en su boca la sensación, evoque el recuerdo de su aroma, la frescura, la picante percepción.

Todos los sentidos son alterados en la doble vía de las neuronas, la información sensorial que ingresa y la influencia que se proyecta.

En las más de cien mil millones de neuronas, existen las que reciben la información del exterior, y las que transmiten.

Es aquí donde algunos de los fenómenos paranormales como la telepatía tiene una explicación, emitimos y recibimos información.

El condicionamiento mental solo ha plasmado que recibimos información, pero no que podemos proyectar de nuestro cerebro una ilimitada energía que altere tanto el entorno como la mente, proyectada desde nuestro cerebro a través de la imaginación.

En toda la historia de la humanidad se narran portentos, telequinesis, piroquinesis, un sin fin de fenómenos que en su gran mayoría son espontáneos, conocidos como irradiación de energía psíquica.

WICCA

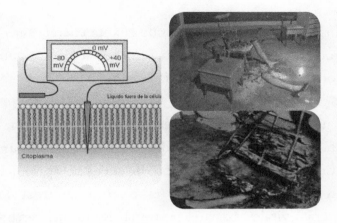

Ahora bien, retornemos el mundo real e irreal, si la imaginación concentrada con la energía del pensamiento, recordado que cada neurona posee una carga eléctrica entre - 40 y - 90 MV aparentemente muy poco, pero son miles de millones que las producen hasta el extremo de producir uno de los más extraordinarios fenómenos, la autocombustión espontanea.

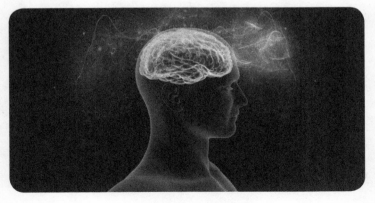

No existe un dato concreto de cuánta energía puede producir el cuerpo humano, y menos se tiene alguna teoría de que tipo de energía es la mental.

Si usted imagina una galaxia, o tiene un problema, o está en un estado de ansiedad, su mente genera una serie de imágenes, ¿Qué "tipo" de energía las produce? Sin embargo, la energía el cerebro controla los sistemas vitales, hasta el poro más lejano del cerebro está conectado.

Sin duda es un caudal de energía ilimitada.

En todo este sistema, la imaginación es la encargada de asociar todas las sensaciones hasta leer el futuro, algo que se identifica como reflejos, un vaso se va a caer de una mesa, su cerebro actúa instintivamente, analiza, calcula las posibilidades, envía una serie de señales instantáneas, un proceso increíble, ver el vaso caer, analizar y leer el futuro en dónde va a caer, enviar una señal motora que activa los músculos, cuerpo, brazo, mano, dedos, y el vaso se captura en el aire.

Todo eso en menos de una fracción de segundo, causado por la imaginación. Ahora, la imaginación al poder generar una serie de eventos posee el poder de influir sobre los futuros físicos o fuera de la mente, no existe la forma de definir si un vidente "ve" el futuro o lo crea.

Las maldiciones son un ejemplo real de como la energía mental influye y transforma el mundo físico, la ciencia ignora este tipo de emanaciones, la magia las realiza.

Con esto en claro se comprende que la mente actúa en las dos vías emite una energía y recibe energías. La imaginación da forma al deseo.

Axiomas

⬚ El mundo real no se puede definir, el mundo irreal no se puede definir, los dos son el mismo, la realidad o irrealidad depende del conocimiento de las dos opciones.

⬚ El mundo externo influye sea o no sea real, la mente influye sobre el universo sea o no sea real, pero la imaginación actúa en los dos.

- Un sueño, es tan real como la realidad, una realidad puede parecer un sueño.

- Al comprender que todo el universo es energía, la mente le da forma mediante la imaginación, no existe nada en el mundo que no haya sido imaginado inicialmente.

- El universo mental y el universo físico son el mismo, solo cambia la perspectiva de quien lo ve.

- La creación física del universo es la creación mental de quien lo observa.

- No hay existencia fuera de la energía, todo está en su interior.

- El que sabe imaginar, posee el poder de crear.

- El que no imagina, es influenciado por la imaginación de otro.

- Todo es real e irreal, tanto como lo imágenes.

- La verdad no existe.

Una imagen nueva mejora la anterior, en el mundo mental y en el físico.

El espacio y el tiempo

Como tal el tiempo y el espacio no existen, otra ilusión del cerebro, pero físicamente son dos dimensiones, la una lenta y constante, se mide mediante los eventos que se producen entre un intervalo y otro, las divisiones de esos intervalos dan paso a la medición relativa del tiempo.

Una órbita de la tierra al sol, visto desde la tierra es un año.

La misma órbita completa vista desde el espacio, es un segundo de ese año, la misma vista desde un átomo, son mil años.

Cuanto más lejos, más rápido pasa el tiempo en la tierra, cuando más pequeño más lento.

El tiempo humano solo sirve para medir sucesos terrestres no espaciales, ni subatómicos, y aún, el tiempo terrestre es relativo.

En el ámbito mental, el tiempo "no existe" mucho menos existe en la imaginación, pero la imaginación puede actuar en cualquier tiempo.

Es fácil de comprender, cuando se encuentra viviendo un momento que produce placer y bienestar, el tiempo parece transcurrir más rápido, contrario al vivir momentos de incertidumbre o incomodos, el tiempo pasa muy lento, aunque es el mismo tiempo, la imaginación y la atención, hacen la diferencia.

Aún la imaginación puede curvar el espacio, alterar el pasado, cambiar y modificar el presente en el universo mental no existen leyes físicas.

La imaginación modifica, crea, altera, cambia, transforma, sí el conocimiento vivencial se encuentra en la mente, la imaginación lo transforma, existe en un eterno presente.

Al contrario, la mente a través de la imaginación modifica el pasado "mental" creando recuerdos falsos, los cuales sin duda repercuten en el presente físico y por ende en el futuro.

Si alguien en el presente le cuenta que fue testigo de cuando usted era niño, de un evento que no recuerda, pero tiene confianza en quien le cuenta, acepta esa información que no existía, la imaginación le da vida, la recrea, produce un episodio, la complementa llenando los vacíos, con vivencias o experiencias de otros, en definitiva, ha creado un recuerdo que no existe.

Al contrario, pasa el mismo evento, pero de manera inversa, que alguien de confianza le diga que lo que vivió, no es cierto y disfrace su recuerdo con otro inexistente.

A través de la imaginación se cambia el pasado mental, se crea, se borra, se anula, se transforma, se tergiversa y se modifica. Todas las alteraciones del pasado mental repercuten en el presente físico.

Es así, como algunas personas poseen enfermedades del pasado que no existen realmente, pero tienen sus síntomas, el engrama que las produce sigue activo, tics, mañas, gestos, vicios, asma, alergias, neuropatías, impotencia, frigidez, etc., se pueden tratar transformando el engrama que las mantiene vivas.

La vivencia pasada o engramas, huellas neuronales de un determinado evento, son cambiables alterando la imaginación. En el mundo "real" los eventos mentales no dejan huella, solo existen en ese único plano, traumas, enfermedades, temores, etc.

Todo cuanto existe físicamente siendo creado por una imagen mental, está inexorablemente condenado a desaparecer en un periodo de secuencias temporales. Tarde o temprano todo volverá a ser tierra.

El espacio

Al carecer la mente de tiempo, también carece de espacio, el espacio físico igual que el tiempo es relativo para quien lo observa. El espacio mental es una representación del espacio físico, infinito, indefinible y eterno.

¿Cómo se puede mediar o evaluar el "espacio mental"?

La imaginación da forma en el espacio mental, el cerebro, pesa 1.350 gramos promedio, 15 centímetros de ancho, 12 de alto y 16 de longitud.

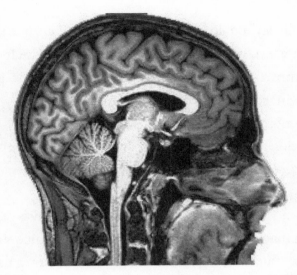

Relativamente pequeño, contra el cerebro físico infinito. Galaxias de millones de años luz, cerebros cósmicos híper colosales, que siguen el mismo patrón en otras frecuencias de conexiones de las neuronas cósmicas.

Por la ley de lo semejante que aparece en toda la naturaleza, filosóficamente se podría deducir que: vivimos dentro de cerebro cósmico, que crea en su imaginación el universo que vemos como real, y, que, tenemos el poder de la creación de universos en el interior de nuestro cerebro, así, todo cuanto existe es energía mental, o simplemente imaginación.

En el pequeño cerebro humano a través de la imaginación, cabe todo el universo cósmico físico, usted puede imaginar hasta donde quiera galaxias, universos, multiversos interconectados con sinapsis cósmicas que como agujeros de gusanos conectan universos, dimensiones, espacios tiempos, etc.

Podría imaginar por un momento, mientras lee estas líneas, imagine que unos amigos de allá arriba vienen a su hogar, le invitan a un viaje increíble, ver donde nació toda la existencia.

Inicia un viaje lleno de temor, no existe un platillo volador gigante, tan solo una esfera de cristal de color azul suave, en el centro una especie de camilla recostada, eso es todo no hay más nave.

Se llama un Axidra, no obedece al tiempo y el espacio, cuando ingrese desparecerá del plano material e ingresara a la dimensión de la mente cósmica desde allí podrá ver el gran viaje.

Millones y millones de galaxias, un infinito multicolor que vibra refulgiendo en luces que se enciende y se apagan, estrellas que nacen, se asocian, crean, se desintegran para volver a comenzar, con cada cambio algo nuevo se crea, sensación de estar unido con todo, sus sentidos se unifican con lo que ve, sonidos cósmicos y celestiales le permiten observar el universo...

Lentamente todo se va desvaneciendo, el tránsito al inicio comienza en la penumbra, la mente infinita del todo, el estado más profundo de meditación universal embebido de la más indescriptible sensación de paz y amor.

Una penumbra sin fin, allí, está flotando ingrávido, invadido de una emoción de extraordinaria paz que toca su espíritu y le estremece.

El nacimiento del todo no fue en una gigantesca explosión, fue algo sereno, lento, calmado, donde se forma la energía que lo forma todo tanto en el plano mental como en el plano físico.

WICCA

En su cerebro caben todos los mundos, los universos, con todo lo que estos contienen, vidas, especies, conocimientos, todo gracias al poder de la imaginación.

Niveles de consciencia y mundos dimensionales, Tanto el universo físico y el mental, vibran en un infinito de dimensiones.

En el plano material

Normalmente, se habla de cuatro, alto, ancho, profundo y una dimensión temporal, dando a lugar tres dimensiones físicas y una temporal.

Unidimensional, una sola dimensión el pensamiento.

Bidimensional, la sombra, alto y ancho sin profundidad.

Tridimensional, todo cuanto apreciamos en alto, ancho y profundo.

Pero... Existen más dimensiones infinitas en el plano material, el reflejar un objeto en un espejo, vemos seis dimensiones, tres físicas y tres reflejos.

Igual se puede apreciar el infinito en dos espejos reflejados. Se podría sugerir que son reflejos y no tienen efecto físico, pero, la realidad es otra, existen dimensiones desconocidas, intuidas, aparecen espontáneamente, eventos que alteran el tiempo y el espacio, en la tierra y en el espacio, millones de dimensiones de vibraciones sutiles y densas.

A manera de ejemplo el mundo feérico, triangulo de las Bermudas, vórtices del no tiempo y no espacio. Mundos terrenales e inframundos, existiendo en el mismo tiempo y en el mismo espacio.

WICCA

El plano mental

La mente es unidimensional, carece de tiempo, espacio, alto, ancho, profundo, por ende, percibe todas las variaciones posibles de las diferentes dimensiones, bien por los sentidos o mediante la percepción extrasensorial.

Cada persona de alguna manera ha percibo bien físicamente o a través de las sensaciones, un "algo" diferente que escapa de la comprensión y la lógica, ejemplo; un fantasma, los cuales no deberían existir, pero existen.

Igual con un sinnúmero de fenómenos desconocidos, de toda índole, pero enmarcados y percibidos por la mente y la imaginación.

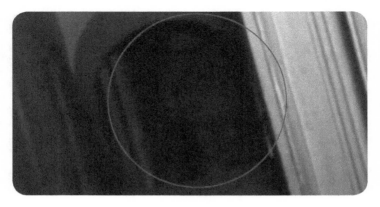

Todos los fenómenos existen, sin que deberían existir.

En otras palabras, de la física cuántica "el universo existe solo cuando lo observas", lo demás lo hace la imaginación.

Ahora, la escala de dimensiones mentales no tiene límite, es uno el que las limita, mediante los engramas, educación, cultura, dogmas, entrenamiento mental, individual y colectivo.

⊠ ¿Cómo sabe quién nunca ha visto la nieve que es fría?

⊠ ¿Cómo define el temor a volar quien nunca lo ha hecho?

❊   ¿Cómo se considera algo difícil sin haberlo intentado?

❊   ¿Cuál es la razón para los gustos, si nunca se ha probado lo que no le gusta?

Así se podría ir al infinito de dos situaciones mentales, la experiencia real, o la experiencia impuesta, en la dos; la imaginación actúa.

Ahora, al contrario, quien ha vivido toda su vida donde nieva, se ha adaptado y para él, es solo nieve ni fría ni cálida, todo depende de la perspectiva de cada cual.

En un mundo virtual, el cual ya existe, quien lo maneja desde afuera, sabe que es solo un juego, pero todo cuanto existe en el mundo virtual, para el mundo virtual es real, dos realidades y ninguna.

Todo lo demás es imaginación.

Encarnación mental

Es un tema complejo, si el mundo es cierto que a la vez es real e irreal, ¿Qué sucede con la muerte?

El mismo principio, todo es energía, la imaginación forma parte de la energía mental que a su vez es el puente entre espíritu y la materia.

La muerte como tal, solo existe en el plano físico, tomando como muerte la cesación de la regeneración celular, al momento de morir se inicia otro proceso de la vida, la vida necrófaga que disuelve el cuerpo físico en sus elementos primarios. Realmente la muerte como tal, no existe.

Para la mente

La muerte no existe en el plano mental, la mente no es el cuerpo, es a través del cerebro que actúa, al no existir cerebro, se mantiene como energía en otra escala de consciencia diferente.

Estas escalas existen todo el tiempo, es por la mente y la imaginación que se le logra estar en un estado mental especifico de vibraciones densas o sutiles.

Cada ser encarna luego de la muerte en otro cuerpo y otro espacio, la imaginación siendo el lenguaje universal, le permite liberar un conocimiento previo o desarrollar nuevos, mezclando los anteriores.

Si bien, la ciencia ha identificado como "genios" a quienes nacen con determinadas habilidades, la ciencia no ha logrado explicar la razón para estos desarrollos.

Pero, en la mente a través de todas las vivencias el conocimiento no se pierde, se acumula como determinadas vibraciones, al actuar dentro de un cerebro en el plano material se libera esa imaginación, se comprende por el nuevo lenguaje y se libera ese conocimiento.

Se habla de los registros Akáshicos palabra sánscrita para definir "la consciencia cósmica" donde todas las vivencias de un individuo se acumulan por la eternidad.

En otras palabras, una "existeca" (se ha creado el término para la biblioteca de la existencia) un registro perpetuo de todas las vivencias y conocimientos.

Los cuales fluyen de una encarnación a otra, razón por la cual a través de la imaginación se desarrollan las habilidades innatas.

En las épocas recientes, nacen espíritus viejos de gran sabiduría en niños precoces que demuestran este tipo de registro, los niños azules y las niñas cristal, poseen mayor imaginación y por ende mayor liberación del conocimiento de otras vidas.

Tomando en cuenta que no obedece a educación, memoria genética, instrucción, ni nada por el estilo, es algo que nace con el sujeto.

Todos los seres poseen esta comunicación con su registro, pero el entorno donde nace puede anularlo totalmente.

Cada persona tiene gustos, anhelos, tendencias, algunos nacen con capacidades mentales increíbles, otros con capacidades físicas, otros con un gran conocimiento filosófico, artístico, etc.

Nadie tiene explicación sobre lo que desea, le gusta, le apasiona, lo que le permite fluir, pero si hay una repuesta, "conocimiento de otra vida".

Pocas personas hacen realmente lo que les apasiona, son limitadas y castigadas al primer intento, para un gran artista que expresa su conocimiento interior a través de la inanición, su primero lienzo es la pared.

Pero quienes no lo pueden comprender lo consideran un daño, un atrevimiento, algo que está mal y viene el castigo, con él el engrama y la muerte del artista.

Nada se realiza que no se imagine, todo antes de expresarse es imaginado, el que hace proezas físicas, el que diseña, crea, plasma, escribe, unifica conceptos, desarrolla nuevos inventos, todo antes está en la imaginación.

El cúmulo de conocimiento humano transferido de generación en generación no cuenta.

El conocimiento acumulado a lo largo de las existencias cuando se libera con pasión fluye, la imaginación busca soluciones, opciones, alternativas, observa posibilidades, lee el futuro de sucesos, crea uniendo el registro de otras vidas con el presente.

 Quien hace lo que le apasiona para vivir, jamás lo ve como un trabajo, quien hace algo que no le gusta para vivir, le será una tortura.

La imaginación actúa en esos dos tópicos haciendo algo más fácil o tedioso.

Entrando al registro de la vida

Para acceder a ese registro, la mente debe encontrarse en un estado de tranquilidad, meditación, calma.

Los mayores impedimentos son; la ansiedad, la falta de concentración, la pobreza para visualizar, el miedo, las limitaciones impuestas, la confusión, la falta de constancia, la justificación de la incapacidad, la negación antes de la experiencia, los dogmas y el concepto equivocado que dios decide su vida.

Antes de ingresar con los temas básicos de la mente, se debe intentar algo muy simple pero profundamente significativo.

Atracción de lo semejante

Intentar descubrir que conocimiento existe en su alma.

Antiguamente se realizaba de forma espontánea o natural, la familia observaba que el niño o niña, realizaban determinadas acciones que los dejaban atónitos, maestros que descubrían una gran habilidad, etc.

Ahora es más simple, las siguientes sugerencias le pueden permitir tener alguna idea.

Se debe permitir que el espíritu fluya sin la acción de la consciencia, dejar que la intuición le guíe.

Ingrese a internet en un motor de búsqueda, déjese llevar por lo que llegue a su mente sin analizar, qué le atrae, qué le gusta, qué le apasiona, de qué tema mira más vídeos, de qué quiere tener más información, qué produce una atracción que le estimule ¿Qué temas son de su predilección?

No sabe por qué conscientemente le atraen, pero algo en su inquieto espíritu busca lo semejante o compatible con cuanto existe en su interior.

Existe un puente invisible entre el conocimiento escondido en su alma y los temas que le despiertan inquietud, "algo" especial y desconocido luchan por unificarse con un entorno familiar, esa atracción misteriosa que le despierta pasión.

Al observar, su interés crece, quiere de alguna manera conocer o saber más, esa extraña sensación de empatía es la respuesta de su alma, un conocimiento de otras vidas.

No existe una forma de conocer o definir la razón de los gustos, están ahí.

Si intenta profundizar en los temas que le atraen, se sorprenderá de lo fácil que los comprende, aun, la manera como recuerda algo que sabe pero que ignora que lo sabe.

Si utiliza el poder de la imaginación, rápidamente descubrirá que puede identificar, comprender, entender, saber, sin tener una información previa.
Sucede con frecuencia, usted habla de un tema se expresa de tal manera que luego no comprende como lo sabía.

Al contrario, al escuchar algún tema, ver una figura, puede comprender todo lo que encierra.

Tendencias del alma

Con lo anterior se comprende que es la imaginación el lenguaje de las almas, no hay códigos, ni símbolos, ni técnicas, solo un suave fluir que la imaginación va tejiendo.

Todas las áreas del conocimiento y el saber poseen el mismo principio, un conocimiento de otras existencias.

De alguna manera en cada ser existe una tendencia "natural" a un algo, pero difícil de comprender la razón de esa tendencia.

Bajo estos principios básicos, se puede apreciar la forma de actuar, siguiendo los estímulos que le apasionan y no los que se ejecutan por necesidad u obligación.

Al hacerlo, la vida fluye, todo se convierte en una acción de gran poder, el conocimiento adquirido en otras vivencias se transforma en éxito, prodigio, avance, logrando una vida plena.

Al contrario, ejecutar actos impuestos u obligados, crean hastió, fastidio, malestar, agonía, difícilmente se logra alcanzar alguna meta.

Las tendencias del alma se descubren en fluir de la imaginación, ver en la mente los ensueños fantásticos que muestran un sendero diferente.

Al imaginar lo que le atrae y apasiona, le brinda la oportunidad maravillosa de liberar el contenido de otras vidas, el gusto por realizarse, y esto, solo es posible mediante la imaginación.

Los niños llamados genios, son aquellos que logran imaginar lo que desean, al dejar volar la imaginación liberan el conocimiento, por algo viven en la inocencia de sus mundos.

Es prudente observar las tendencias del alma, actuar en su frecuencia, vibrar en la misma escala.

En el mundo mental, es donde la imaginación actúa, un niño al que le apasiona cocinar no conoce las recetas solo imagina lo que ocurriría en su mundo mental si hace mezclas, antes del mundo físico prueba y combina en su mente, luego lo proyecta.

El médico de trauma que se enfrenta a un evento que jamás imaginó que podría pasar, saca de su interior en la imaginación ve los elementos que puede usar, asocia, unifica, mira en su mente como tener la solución, y lo intenta.

Cada milisegundo ocurre un sin número de situaciones nuevas, cada milisegundo alguien imagina una solución.

Cada milisegundo se crea en la mente, un universo nuevo.

El poder de la imaginación

La vida que usted vive o tiene, es básicamente lo que ha imaginado, en el proceso del universo mental, de alguna manera ha creado lo que hoy considera su realidad.

Si el mundo fuera real en su totalidad, no se podría modificar.

Cuando la vida no fluye con aquellos elementos que le gustan o le apasionan, se entra en un conflicto conocido como *"energías cruzadas"* toda la existencia se complica.

Al imaginar las diferentes situaciones se atraen mediante la conexión psíquica, se imagina y se actúa con lo que se imagina, de esa manera se construye la existencia.

El pobre piensa en su pobreza e imagina la pobreza, considera que no existe ninguna posibilidad de cambio, acepta esa imagen y recrea en su mente los diferentes elementos, en su actuar en la vida, no modifica la imaginación, si no actúa de acuerdo con su concepto, no lucha, se doblega, acepta su pobreza y todo lo que esto implica, se acostumbra, la mente se duerme, la imaginación desaparece y por ende las opciones se anulan.

Imaginación propia

De una o de otra manera, imaginamos el futuro, recreamos en ensueños sucesos, metas, objetivos, deseos, le damos forma al pensamiento construyendo el mañana.

La vida está dividida en una serie de ciclos o etapas, desde el nacimiento hasta los 10 años, descubrimos el mundo que nos rodea, se interactúa, se aprende un lenguaje, se inicia la etapa donde la imaginación comienza a diseñar la personalidad.

Durante este periodo la mente asocia, descubre, imagina respuestas, procesos, desarrolla una poderosa habilidad de respuesta ante retos o desafíos, los niños en esta etapa poseen una gran imaginación que bien canalizada forma las bases del futuro.

La mente al no estar saturada de pensamientos les permite recrear un sinnúmero de mundos, los cuales proyectan en sus juegos, construcciones, pinturas, etc., Cada día ejecutan un rol diferente.

Dentro de la mente de los niños se presentan eventos que no corresponden con la imaginación, aunque se sugiere que los son.

El crecimiento trae consigo, el cierre de la puerta de la imaginación, cerca de los nueve años se inicia una especie de bloqueo mental, la inocencia se pierde, la imaginación entra en conflicto con la razón, el niño comienza a evaluar o razonar otros sucesos, los muñecos no tienen vida, los juguetes carecen de valor, los sueños y visiones son mentira, la realidad es otra, tanto desde la percepción del niño como los comentarios de los adultos, van cerrando la imaginación infantil, luego llega el bloqueo total, los recuerdos se desvanecen algo en la mente ha cambiado, es otra persona, el crecimiento ha cerrado la unión con otros mundos, y con el pasar del tiempo, son solo recuerdos vagos.

Amigos imaginarios

Los amigos imaginarios son el término usado por los "adultos" para tratar de explicar una vivencia de niños.

El adulto piensa como adulto, no como niño, ante los eventos de observar a un niño hablando o jugando con un ser invisible para el adulto, pero real para el niño, se trata de afirmar que el evento no es real.

Los niños ven otra realidad, otra vibración, perciben de formas distintas el universo, gracias a una poderosa imaginación, la que se va perdiendo por la cultura, la negación de los adultos ante la realidad infantil los confunde, pero, las influencias negativas abren la mente bloqueando las capacidades, el engaño infantil, crea futuros bloqueos, miedos, limitaciones, los cuentos y leyendas se graban en la mente creando engramas que en el futuro al reconocer el engaño crean las limitaciones que muchos adultos poseen.

La imaginación infantil, llega hasta el extremo de generar serias enfermedades tanto mentales como físicas, aunque en la realidad no existan.

Timidez, falta de confianza, miedo, incapacidad, fácilmente influenciables, prevenidos, limitados, faltos de acción, etc.

Igual, al contrario, algunas limitaciones de los adultos tienen su origen en la información recibida durante la infancia.

Los compañeros imaginarios se mantienen vivos en la mente de diferentes formas, luego de la infancia, el adulto inicia una serie de monólogos mentales, recrea situaciones, se esconde en procesos mentales de aislamiento.

Tal es el poder la mente que escucha voces, se vuelve sensible a otro tipo de vibraciones, toda la carga emocional se libera hacia dentro de la mente generando alteraciones y cambios de la personalidad.

La imaginación bien canalizada, logra estabilizar los procesos cambiando conductas, algo que se logra a través del trance autógeno o auto hipnosis.(*Véase el libro* **Hipnosis**)

Películas, videos, informes, comentarios, afirman o modifican las imágenes grabadas junto con la información que se implantó en la niñez.

La suerte, el éxito, el bienestar, la alegría, la seguridad en el progreso, la atracción, la belleza, el porte, todo esto y más, se genera en la información que la imaginación recibe en la infancia.

Ahora, en el mundo de la magia, los fenómenos extraños, la mala suerte, el mundo del sufrimiento, la angustia, las visiones y apariciones, la agonía, los constantes fracasos, las maldiciones, las enfermedades constantes de igual manera provienen de la infancia.

Desde la antigüedad, las brujas, abuelas, magos, hechiceros, personas versadas en la magia, "rezaban" a los niños, todas las culturas tienen en su cosmogonía seres que cuidan de los infantes.

 La diosa protectora de las embarazadas y los niños. Junto con los conjuros de la diosa Isis, protegía los nacimientos.

En todas las culturas se repite la historia, alguien especial que cuida el nacimiento protegiendo los destinos.

Cunas protegidas, elementos mágicos colgados, baños y demás, para proteger a los infantes de las energías.

Si bien, esto puede tomarse rápidamente como charlatanería, especulación, etc. No es por demás que en todas las culturas se protegían los infantes.

Es como en la historia quienes eran influenciados "mágicamente" poseían algún tipo de "Poder" o buena suerte.

Hoy lo vemos de otra manera, niños que se cuidan demasiado se enferman fácilmente, niños libres crecen protegidos, existe de alguna manera el concepto de proteger en la infancia.

La imaginación es el elemento clave que regula la vida, todo lo que se observa, se recrea en la mente, tanto como motivación o negación, acompañará el resto de la vida. Las modificaciones se realizan cambiando la imaginación.

Imaginación impuesta

De todos los fenómenos mentales, la imaginación impuesta acompañada de una sugestión repetitiva formatea el pensamiento influyendo directamente en la conducta y personalidad.

El ser humano difícilmente se auto imagina, ¿puede cerrar los ojos e imaginar su rostro tal como es?

Pero intente imaginar el rostro de quien más ama, se dará cuenta, que usted no se conoce, le es difícil recrear su propia imagen mental.

Pero, qué sucede cuando alguien le indica que tiene algo que no puede ver.

- ¿Está enfermo? Está muy pálido
- ¿Se siente bien? Está ojerosa.
- ¿Tiene algún problema de cadera? Camina torcido.
- Está delgada, se ve ¡Muy bien!

Aunque no se ve, las sugestiones crean una imagen impuesta, la cual actúa sobre su mente a su vez se somatiza o se siente algún cambio.

Toda sugestión va a acompañada de la imaginación la cual ejecuta todo un proceso mental, si, la sugestión es constante se termina por la aceptación o el convencimiento, que, lo que le sugieren es real.

La imaginación impuesta, puede ser altamente destructiva, aunque la imaginación constructiva es más compleja, existe la negación mental a aceptar una capacidad, logro, poder, la falta de convicción hace que la duda ante lo motivador se bloquee la mente.

En otras palabras, quien duda de sí mismo, acepta con más facilidad las sugestiones negativas o destructivas, que las constructivas y motivadoras.

Las influencias negativas o imágenes impuestas son comunes, redes sociales, familia, trabajo, etc., Afectan a la gran mayoría de personas y de forma constante.

El problema radica en que, cuanto mayor es afectado el "ego" mayor el afán de demostrar lo contrario creando una verdadera guerra emocional.

Las sugestiones negativas generan imágenes destructivas las cuales lentamente van minando la vida, a través de la proyección de lo que existe en el interior.

Proyección

Cada ser, proyecta en los demás lo que existe en su interior, ve reflejado en otros lo que siente, imagina, percibe, supone, etc., Esto hace que el entorno vibre en la escala de su pensamiento, atrayendo vibraciones similares.

Toda secuencia de sugestiones, van creando patrones mentales los que a su vez modifican conductas.

Estas modificaciones son proyectadas, si es destructivo el pensamiento, todo se verá como destructivo, el semblante cambia, la actitud se torna agresiva, ve, en los demás su reflejo.

En este tipo de eventos la imaginación fluye hacia la destrucción y la auto flagelación tanto física como mental.

El rechazo, el desprecio, el desplante va aumentando el proceso hasta llegar al aislamiento, terminando como una persona abandonada.

De igual manera en el otro extremo, la imaginación constructiva lleva al donaire, magnanimidad, el encumbramiento, la confianza, en algunas ocasiones puede llegar a la soberbia.

De igual manera se proyecta, pero al contrario que en la proyección de la imagen negativa, no se refleja en los demás, se proyecta como superior, llegando a ser déspota.

De una o de otra manera, se viven los dos estados de la proyección de la imaginación, dependiendo de los estímulos y sugestiones recibidas, así, como el manejo de las emociones y el control de las imágenes.

Uno es; lo que imagina y proyecta que es, Ser o aparentar, de alguna manera todos los seres ejecutan diferentes roles de acuerdo con lo que imaginen, y esta actúa tanto internamente como externamente, por ende, las dos son modificables.

Dependiendo de la ocasión, la mente construye imágenes que serán proyectadas, bajo los patrones de influir sobre los demás.

La intención, el deseo, el interés, transforma la mente, antes de un determinado evento el proceso mental se inicia, se prueba, se compara, se analiza, se busca la estrategia que cree una determinada apariencia y luego se actúa.

Se puede bien pasar de ser alegre a estar triste, de estar bien vestido a pasar inadvertido, de ser tímido a extrovertido, de proyectar algo que no se es, pero se aparenta ser. O tratar de ocultar lo que se es, para pasar por no ser.

Esa gama de posibilidades es recreada con anterioridad, imaginadas, proyectadas, evaluadas y ejecutadas dependiendo de los intereses, bien manejado el pensamiento se logra crear una determinada personalidad para una determinada situación, aunque ejecute diferentes personalidades en diferentes situaciones de la vida.

Es así, como encontramos que una persona establece diferentes roles al mismo tiempo, es fácil de observar con tan solo escuchar a las personas hablar por teléfono. Usted puede observar, que: es una con usted, que es otra con el interlocutor, y que es otra más con los demás.

Todo es proceso de la imaginación.

La estrategia de la imaginación

La vida o mejor las opciones se dividen en varios grupos, los ganadores, los perdedores, los conformistas, los sumisos, los autosuficientes que todo lo pueden, los ilusos o soñadores, los optimistas, los pesimistas, los renegados, y, la lista es extensa, cada persona en sí posee todas las características.

Ahora, depende como las use en el momento oportuno, solo es imaginar una determinada situación y actuar conforme con el interés.

⌘ Hacerse la víctima para tapar una falta
⌘ Despertar la lástima para obtener un beneficio
⌘ Dramatizar para atraer
⌘ Magnificar un problema para buscar seguridad
⌘ Recurrir a la manipulación para obtener determinado bienestar
⌘ Utilizar el ataque como defensa para dominar
⌘ Hacer drama, para evadir una situación
⌘ Mentir en ocasiones descaradamente para ocultar una verdad

La lista seria inabarcable, y en todas; la imaginación es el factor primordial, la estrategia es la capacidad de crear en "otros" una alteración mental de predisposición para una sugestión.

Esta, puede ser constructiva o destructiva, es ejecutada tanto a nivel individual como colectivo.

Toda estrategia de influencia mental debe de ir acompañada del verbo o la palabra, lo transmite o crea las imágenes en la mente del receptor o receptores, si las imágenes impuestas logran crear empatía, la estrategia ha funcionado.

Es fácil observar, propaganda, políticos, cantantes, películas, vídeos tontos que se vuelven virales, la imaginación que se despierta produce vibraciones permitiendo un "**dominio mental**" al trabajar sobre el imaginario social, las religiones, sectas, lideres políticos, dominan las masas hasta llevarlas al fanatismo.

Igual pasa en pequeña escala, de forma voluntaria o involuntaria, la estrategia de la imaginación se utiliza en todos los eventos de la cotidianidad, la manipulación mental es una constante, quien sabe realizarla obtiene beneficios, quien la desconoce se convierte en esclavo mental.

- ▩ Como está de gorda
- ▩ Usted no sabe nada no sirve para nada
- ▩ Oiga, es bien bruta cómo hace eso
- ▩ Torpe
- ▩ Usted es poco hombre, ni para eso sirve

Todas las expresiones negativas o destructivas que se repiten de manera reiterativa van minando la mente produciendo las imágenes similares, lentamente la persona se auto imagina que las sentencias son reales, y, termina aceptándolas, entrando a la sumisión mental.

La estrategia de dominio ha dado resultado, solo es cuestión de evitar que la persona reaccione, y esto se logra mediante entrenamiento mental, premios y castigos.

Este aparte negativo se puede modificar si se trata a tiempo de lo contrario la convicción del fracaso e inutilidad se reafirman mentalmente aceptándolos.

Algo que lamentablemente les sucede a muchas personas.

⚓ Usted vale
⚓ No se afane, se equivocó, pero está aprendiendo si lo intenta lo logra no se rinda
⚓ Usted ¡puede!
⚓ Qué orgullo que lo haya logrado
⚓ Se ve muy bien, ha adelgazado
⚓ Vuelva a intentarlo usted lo logrará

De forma similar las imágenes constructivas activan la auto confianza, hasta generar una convicción total.

Al usar la estrategia de la imaginación se debe ser cauto, si no es congruente con lo que se transmite se cae en el descrédito, esto hará que se rompa para siempre el influjo, por ende, hay que saberla usar, no existe una segunda oportunidad para volver a influir en quien pierde la confianza.

Al usarla se debe entrenar en los acondicionamientos para que las imágenes sean más concretas, de impacto, no dando tiempo al análisis objetivo de lo que se pretende obtener.

La mente acepta mejor las imágenes impuestas que poseen corto tiempo, a, aquellas que se tratan de mantener en el tiempo.

Se utilizan en los eventos de la vida, se vive sujeto con la influencia de terceras personas, sugerencias, comentarios, chismes, noticias, propaganda, ofrecimientos, la gran mayoría con las adiciones de los beneficios que se obtienen "premio" o las consecuencias de dejar pasar la oportunidad "castigo" esto hace que lentamente el pensamiento desencadene dos estados, uno de temor al castigo al no hacer, y otro de premio al hacerlo.

En el caso del cerebro toda imagen impuesta acompañada de azúcar produce un efecto de dependencia, dar de comer azúcar, chocolates, dulces antes de una sugerencia, las imágenes son fuertemente aceptadas, el cerebro las asocia con el placer del dulce.

Toda estrategia mental o imaginaria, debe ser planeada y evaluada, hoy, el marketing conocedor de la influencia investiga primero antes de influir. (*Véase el libro: **Estrategia Mágica Suerte y Liderazgo***)

IMAGINACIÓN CUÁNTICA

NEURO INFLUENCIA

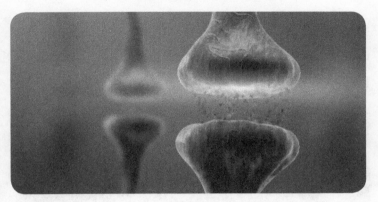

De la telaraña cuántica... Este tema no es de este mundo.

Vamos a ventilar la mente energía y la influencia de la energía en la materia mediante la imaginación.

Para comprender este aparte, sugiero tratar de abrir su mente a nuevos conceptos, unidos con viejos comentarios que se consideran exclusivos de elegidos o personas únicas.

Retomemos lo anteriormente visto, sobre la realidad relativa del universo, a su cerebro solo llegan neurotransmisores o energía, hasta ahí todo correcto.

No existe ninguna conexión física entre las neuronas y las sinapsis donde supuestamente se forma el pensamiento, solo energía.

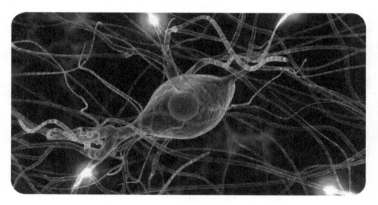

Millones de impulsos bioeléctricos ocurren en millonésimas de segundo, estos neurotransmisores pura energía, guiados o impulsados únicamente por canales iónicos y calcio.

Es aquí donde entra la imaginación cuántica, ingresa a nuestro cerebro como onda de energía, pero sale como partícula de materia.

Recordemos, la física cuántica muestra un concepto de la energía complejo y en ocasiones, difícil de comprender.

Veamos, las partículas más pequeñas de energías electrones poseen dos conductas o estados.

Se comportan como ondas o como partículas siempre y cuando exista alguien o algo cerca, algo que ha sugerido que al ser "Observados" es algo así como una parte es la energía externa y otra la energía interna de cada ser, sin importar la especie, vegetales, animales, orgánicos e inorgánicos.

Digamos que, somos el otro polo magnético de la energía del universo, si estamos presentes la materia existe, si no lo estamos, queda solo energía.

En otras palabras, la energía es el proyector y todas las especies son el telón, la materia existe en el momento en que "algo" que tenga una determinada vibración magnética este presente, convirtiendo la energía en partícula o materia, aunque siga siendo energía.

Ahora bien, lo que llega a nuestro cerebro es energía en ondas, absolutamente todo lo que usted ve, sabe oye, conoce, siente del mundo que lo rodea llega a su cerebro como ondas de energía o impulsos eléctricos, si fuera materia o partículas su cerebro no existiría, sus pensamientos e imágenes son ondas de energía en diferentes vibraciones.

El universo físico que contemplamos existe únicamente porque imaginamos que existe, convertimos energía en materia visible, en el universo cuántico todo existe al mismo tiempo en todos los espacios, ante un campo magnético específico, la energía se convierte en partícula o materia, cuando no existe esa polaridad es una onda de energía, materia negra o la nada que es energía en reposo.

WICCA

A esto hay que agregarle millones de frecuencias de ondas, infinitas dimensiones del espacio tiempo, infinitos multiversos, la energía onda y partícula al mismo tiempo forman lo que la mente humana difícilmente puede imaginar.

Ya tiene una letra del alfabeto cuántico, con esto es suficiente para comprender el tema de la telaraña y la imaginación cuántica.

Lo que hace para los humanos que la energía posea estas dos cualidades intrínsecas, es el pensamiento, las emociones y la imaginación.

Gracias a Rewgayovh por la experiencia el viaje...

Ahora bien, todo tiene energía, todo irradia un patrón de vibración diferente, plantas, animales, piedras, aire, espacio, luz, etc.

Entonces, una energía ingresa como onda, pero es irradiada o liberada como partícula.

Una planta recibe luz solar en diferentes escalas de vibración, rayos u ondas desde la ultravioleta a la infrarroja, pasando por rayos x, gamma, etc.

Las plantas transforman esas ondas y liberan otra energía en forma de partículas, olores, oxigeno, dióxido de carbono, transforman la luz solar en nutrientes.

Al contemplar las plantas con diferentes ondas se aprecia que brillan o irradian una determinada luminosidad invisible para el ojo humano.

De hecho, todo cuanto existe "alumbra" brilla, refulge en diferentes frecuencias de partículas de luz.

En el ser humano existe un campo de bioenergía, aura, campo espiritual, periespíritu, relativamente fácil de observar en la penumbra.

El cerebro recibe ondas de energía y devolvemos a través del pensamiento junto con la imaginación partículas de energía.

Estas logran modificar las energías en partículas del mundo material produciendo diferentes fenómenos de materialización, algo que antiguamente se le atribuía a brujas, magos y dioses.

Las partículas que se liberan o irradian se unen a otras en todos los espacios sin que prime el tiempo, es así como se produce la materialización de los pensamientos.

Pero, no falta el, pero, depende de lo que exista en la mente, la emoción, la devoción, la seguridad, la convicción y la concentración de ese pensamiento.

Analicemos los estados emocionales, cuando un determinado estímulo llega al cerebro, produce una exaltación, la cual es liberada en la misma frecuencia o amplificada por la emoción.

Toda emoción produce exaltación bien negativa o positivamente, felicidad o ira, las dos irradian energías que se pueden percibir llegando a afectar el entorno alterando físicamente el lugar.

Un estado alterado de consciencia afecta todo el cuerpo, daña electrodomésticos, bloquea energías, las mascotas captan ese fluido, las plantas o vegetales se marchitan.

Son partículas que se irradian del pensamiento y actúan en el entorno cercano, pero lo que se ignora es que pueden actuar en cualquier lugar del espacio, tomando en cuenta que la energía irradiada esta al tiempo en todos los posibles espacios.

Es algo difícil de comprobar, no existe manera de conocer hasta donde el pensamiento afecte.

Pero en el entorno cercano, si se puede apreciar los efectos de las alteraciones mentales.

Ahora bien, los procesos mentales son los controladores de la cantidad de energía que se libera, un estado de serenidad o equilibrio permite un intenso fluir de forma constante logrando alterar el mundo físico.

Un estado de alteración bien sea negativo o positivo fluye de manera intermitente. Generando procesos similares en el entorno, es donde se aprecia los altibajos que se viven en determinados momentos.

Creación mental

Milagros, apariciones, materializaciones espontaneas, piroquinesis (encender fuego con la mente) sanación, híper fuerza, riqueza, pobreza y los eventos de la vida, aun con los fenómenos de índole paranormal, son solo concentración de la energía del pensamiento e imaginación.

En esto se presenta una serie de situaciones algo complejas de la irradiación de energía.

Una persona alterada, sin control del pensamiento produce "partículas" sin control, las cuales al concentrarse llegan a producir alteraciones en el mundo físico. De alguna manera extraordinaria la "**Ley del Efecto Invertido**" es un claro ejemplo del fenómeno de energía irradiada. Cuando se pronuncian situaciones o se afirman eventos, tales como:

⬚ Nunca me he estrellado
⬚ Soy buen conductor
⬚ Nunca me fracturado
⬚ Nunca me ha pasado
⬚ Estoy seguro, que; no sucederá

Las partículas de energía liberadas en el pensamiento ante estas exclamaciones de alguna manera alteran el espacio físico y producen lo contrario.

A manera de ejemplo:

WICCA

En la inauguración del Titanic, se proclamó "Ni dios lo hunde"

¿Cuánta energía se liberó de algún cerebro que altero el designio?

Es aquí donde viene una pregunta que ha retumbado en el conocimiento mágico desde la antigüedad.

¿Un vidente, que puede "predecir el futuro" ve realmente el futuro, o de alguna manera está influyendo para que suceda lo que ve?

Un cartomante que "lee" sucesos futuros de alguien, "los está viendo" ¿o los está decretando?

¿La premonición es ver algún suceso futuro o irradiar algún tipo de energía para crearlo?

Al no conocer la imaginación cuántica, y observar que se "puede ver" el futuro se supone que se tiene el don de la videncia, pero se ignora que es quien crea los eventos.

Nadie obtiene un milagro, que no lo haya imaginado con anterioridad.

La mente atrae lo que se desea y en ocasiones lo contrario de lo que afirma con vehemencia.

En el futuro tecnológico del mundo, se usará los *"Neutrinos mentales"* para construir la gran telaraña cuántica del universo mental.

Las vibraciones mentales al crear la imaginación producen oscilaciones de neutrinos específicos que actúan sobre la materia especifica sin que prime el espacio, al hablar del pensamiento o mente, el tiempo no existe.

La transferencia de esta energía causa eventos colectivos, risa, hipo, arcadas, llanto, alergias, antojos o deseos, y, muchos más, sin que exista contacto físico.

Es similar con la percepción que tiene una persona del estado emocional de otra, con tan solo leer un "Hola" en su móvil, de alguna manera sabe que algo sucede.

El timbre de los teléfonos es siempre el mismo, un programa de sonido, pero, ¿cual es la razón para que suene de forma diferente cuándo es una emergencia?

Recordemos que el universo físico, aunque es, también es cierto que no es.

El arte de imaginar

Este es un tema que requiere de un poco de atención, y algo de análisis.

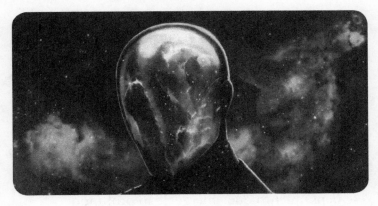

En la mente se producen millones de eventos cada segundo, a pesar, que tan solo se es consciente de muy pocos apartes, los demás están ocultos.

Al observar con cuidado se aprecia que tenemos de igual manera un infinito de pensamientos de manera simultánea.

El consciente o donde está la atención.

Pensamientos parásitos en un segundo plano, monólogos, recuerdos, o una atención segundaría que define el peligro, ruidos inesperados, sucesos, etc., más al fondo de la mente surgen diferentes pensamientos, avisos, alertas de una tarea pendiente.

Los niveles de pensamiento se pierden en la profundidad, dependiendo de la atención que se ponga en cada nivel.

Si, al estar ejecutando una tarea, en el nivel profundo de su mente le envía una señal de un recordatorio, su mente cambió de estado consciente o de atención, a ese pensamiento que emerge de lo profundo.

Una característica o razón por la cual a algunas personas se les dificulta prestar atención, o concentrarse en una tarea que así lo requiere.

La mente consciente viaja a diferentes niveles de profundidad llegando a perderse en los estados mentales más profundos donde aparecen los ensueños o dormir despierto, no se duerme ligeramente, pero se entra en un estado de trance donde no hay control de los pensamientos, estos divagan en ensueños, pero cualquier evento por mínimo que sea, renueva el estado de consciencia, esto es conocido como micro sueños.

En los niveles de pensamiento, existe un sinnúmero de imágenes, todas producen un gasto energético.

Equivalente que, en su computador al abrir su navegador, abras diferentes páginas que a su vez tienen niveles, llega un momento que la memoria se satura.

La que más produce atención es la que tiene abierta, aunque la demás estén igual, se pasan por alto.

Cualquier entretenimiento le lleva a navegar por cualquiera de las pestañas, la que más llame su atención atraerá su conciencia.

En otras palabras, todas generan distracción. Falta de concentración.

La imaginación son los pensamientos que fluyen donde aparecen imágenes de forma espontánea, mientras lee estas líneas, ¿Puede recordar el automóvil que más le gusta?

- ⊠ ¿Puede recordar su cama y su habitación?
- ⊠ ¿Puede ver en su mente un momento sexual?
- ⊠ ¿Puede verse así mismo en lo que está haciendo?

En este aparte todo se complica, es muy complejo verse, asimismo.

Reconocemos e imaginamos lo que vemos, pero la visión de nuestro cuerpo es efímera, solo lo que se aprecia en fotografías o videos, pero no se relaciona directamente con uno.

Es uno de los temas complejos, ahora bien, solo se puede imaginar lo que se conoce o se ha visto o al menos se tiene una información, pero no se puede imaginar algo que no se conoce.

Si le pidiera que imagine un Rdoxt, en su mente solo aparecen las letras, su pensamiento ejecuta instantáneamente un rastreo en el archivo de su memoria, millones de conexiones buscando la imagen, pero no existe y eso lo sabe en tan solo un segundo.

Pero si le sugiero que es una nave extraterrestre para viajes interplanetarios, de color negro, en forma cilíndrica, parecida a un tiburón ballena, su mente va recreando y formando una imagen.

Así su mente crea imágenes, ahora esas imágenes al ser proyectadas en partículas tienden a convertirse en algo material, a condición de que se le dé el poder suficiente.

Mediante la práctica y entrenamiento se proyectan los pensamientos alterando el mundo material.

Existe una técnica para esto... Conocida desde la antigüedad usada por magos, brujas, sabios, para afectar la realidad.

El control del pensamiento es un entrenamiento constante, que requiere disciplina y constancia.

TÉCNICA MENTAL

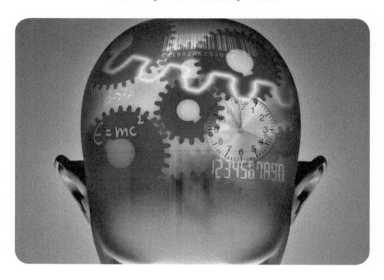

Le sugiero que primero lea todo el libro, no se detenga en este aparte, posterior regresa e inicia la práctica, si lo hace de una vez, estará ignorando información importante, corriendo el riesgo de quedarse atrapado con este tema.

Lo primero que se debe hacer es, armonizar su mente, para esto busque un lugar sereno, donde pueda analizar su vida, su forma de ser, sus conductas, su vida privada e intima y la vida que proyecta a los demás.

Miré y evalué, como es su temperamento, hasta donde actúa sinceramente o hasta donde disfraza la realidad.

Que clase de engramas negativos existe en su mente de su pasado.

Es importante tener claridad con todo esto de lo contrario cada imagen proyectada estará infestada con un estado emocional descontrolado, por ende, no logrará el objetivo de proyectarla.

Luego de una evaluación sincera, intente ir lentamente modificando sus conductas, en el canal de YouTube de Wicca la Escuela de la Magia, encontrará audios que le ayuden a estabilizar su mente.

Se recomienda, días antes de iniciar el proceso es prudente que ejecute actividades físicas que sean de exigencia para su cuerpo, esto es importante hacerlo todos los días.

El trabajo mental requiere es desgastante, si usted no tiene un físico activo le será muy difícil o casi nulo, lograr la concentración y la energía necesaria.

Esto debe tenerlo presente, igual evitar las situaciones tóxicas que alteran sus emociones.

Iniciando

El proceso, aunque es simple requiere de concentración mental.

Lo primero que va a intentar es contar números de manera mental, comience de 100 hacia atrás hasta llegar a 70.

Inténtelo por favor.

... Bueno no era una carrera de velocidad, repítalo, pero ahora controle su mente hágalo despacio, **cierre los ojos**... En la medida que cuenta... Trate de ir relajando la tensión de su cuerpo.

Evite abrir los ojos... Son solo treinta números, una vez más concéntrese en contar... Vea los números en su mente... Como van cambiando... Descienden, lentamente, Lentamente, inténtelo...

Ahora repita lo mismo varias veces, hasta que sienta que logra relajar su cuerpo y su mente.

⊠ Ahora iniciemos el entrenamiento...

⊠ Va a contar los treinta números, pero con algo de dificultad.

Comience de cien descendente y de cero ascendente: 100-0, 99-1, 98-2, 97-3, 96-4... Así sucesivamente hasta llegar a 70-30.

Luego lo hace de manera inversa, 0-100, 1-99, 2-98, 3-97 etc.

Repítalo varias veces, pero mire en su mente los números, trate de concentrase, imagine un contador... Véalos en su mente cambiar.

Se requiere de entrenar algunos días hasta "concentrar" el pensamiento, evitando los pensamientos parásitos o distractores.

De igual manera habrá notado que al hacerlo los ruidos externos han desaparecido, interiorizando cada vez más profundamente.

Ahora... Sigamos, va a intentar hacer lo mismo de arriba hacia abajo, de abajo hacia arriba, pero con el alfabeto, a-z, b-y, c-x, así sucesivamente, de manera similar concentre su atención.

Es en este aparte donde aparece el "*muro*", sí, el muro mental, harto, incomodo, para qué eso, que perdedera de tiempo, eso no sirve, etc., Ese es el muro, se quiere hacer con la mente, pero en ocasiones el tener que entrenar, produce malestar.

No existe ninguna forma de usar el poder de la mente, excepto entrenando duro.

"*Es la diferencia entre el éxito y el fracaso*".

El muro se supera, mediante la exigencia, el querer, y, el hacerlo. Si decide hacerlo y práctica diariamente, necesitará de veintitrés días para dominar el ejercicio, y fuera de eso notará grandes cambios en su vida.

Control mental

Luego de los números y letras, algo que le brindará una increíble capacidad mental, entremos al mundo mágico.

Busque un lugar tranquilo, despójese de todo lo que le pueda incomodar, va a trabajar su mente y controlar su pensamiento.

Va a cerrar los ojos, pero, pasará la mano frente a su rostro observando la diferencia entre claridad y oscuridad, aun con los ojos cerrados puede ver esa diferencia. Inténtelo por favor.

Evite entreabrir los parpados...

Concéntrese en la claridad que percibe en los parpados, solo mire esa pantalla, lo más lejano que pueda observar.

Lentamente comenzará a percibir diferentes colores, violetas, verdes, azules, al inicio solo manchas...

Busque en su visión un punto fijo al centro... en el fondo...

Luego de ejecutar esta acción inicie con su mente, cubra su visión con un solo color, inténtelo, esto se logra deseando el color, cuanto más calmado se encuentre su mente, más nítido será el color que cubra su visión.

Vaya despacio, paso... A paso... Inténtelo, repítalo... Descubra el estado mental ideal para que el color fluya...

Mediante su pensamiento, cambie la tonalidad, transforme el color, observe el punto más lejano...

Lentamente notará que aparecen una serie de círculos, una especie de túnel, que sale de usted o viene hacia usted.

Debe conocer que cuando los círculos vienen hacia usted, el pensamiento se está irradiando, y, cuando los círculos salen de usted, está recibiendo o atrayendo.

Posterior con esto, trate de cambiar los colores de los círculos, hasta el punto de que pueda hacerlos salir e ingresar al tiempo.

Esta técnica requiere de práctica y concentración, no se desanime si no lo logra rápidamente, su cerebro nunca ha sido entrenado ni controlado.

Evite pensar en el tiempo, ni desee lograr cosas al instante, este es un proceso mental que requiere tiempo y práctica.

Posterior a los aros mentales, debe ir adicionando imágenes, una vela cuya flama cambia de color, una rosa, el mar, la luna, unas manos, unos pies, un cuerpo, un rostro.

Lentamente su mente va creando patrones de concentración, está construyendo un universo mental cuántico dentro de la telaraña cuántica del universo.

¿Desea atraer algo a su vida?

Imagínelo y envié su intención, luego transforme los anillos y vea que su deseo viene hacia usted.

¡Advertencia!

Evite involucrar imágenes de personas en su campo mental, sin importar que su intención sea benéfica.

Al retornar las energías, estas, vendrán cargadas con la energía que la persona posee, usted puede infestarse, algo muy difícil de solucionar.

La única imagen que debe permanecer en su mente es la suya.

⊠ Toda imagen de un deseo debe ser unida con su imagen física, en otras palabras, usted debe aparecer en la imagen con lo que desea atraer.

⊠ Toda imagen debe de ir acompañada con las sensaciones que produzca, aromas, colores, emociones.

⊠ Al tiempo de enviar una imagen descríbala en su mente.

⊠ Imagine que ya posee su deseo.

⊠ Sienta en su ser interior que su creación es una orden, un decreto.

⊠ Termine su imagen mental, creando un círculo dorado que envuelva su deseo mental.

⊠ Después, olvide que lo deseo, utilice en adelante la ley del efecto invertido.

⊠ Como recomendación, inicie por atraer a su vida pequeñas cosas.

Ansiedad

La imaginación, es un mensajero de los pensamientos, la ansiedad es la limitación, al "desear" las emociones, la incertidumbre, la expectativa que algo suceda, va generando episodios de ansiedad, afán por ver las respuestas.

En esta situación la mente no libera la energía, al inicio la irradia, pero la ansiedad la detiene. Es el mensajero que sale a cumplir su misión, pero al rato es llamado a que regrese, cada vez que piensa en que el deseo se realice, está atrayendo nuevamente el pensamiento irradiado.

Así, durante un día, semana, mes, etc., el mensajero mental sale, se aleja, pero la ansiedad lo vuelve a llamar... Queda a la deriva, hasta que la energía irradiada se agote, y el deseo desaparece, la ansiedad lo ha destruido.

Como actuar

Luego de irradiar un pensamiento, es prudente entrenar la mente para dejar de pensar en lo que se ha deseado, y es importante conocer como actúa y se aplica la "ley del efecto invertido", al soltar el "mensajero" y crear un bloqueo para que no regrese, dependiendo de la energía, todas las imágenes mentales tienden a convertirse en realidad. (*Véase el libro* **La Ley del Efecto Invertido**)

La imaginación es tan poderosa que actúa externa e internamente, por medio de la imaginación aun sin que exista el deseo, algunas mujeres extrañamente tienen hijos que se parecen a sus exparejas y no a sus padres biológicos, sin que haya existido infidelidad.

Las parejas que conviven por mucho tiempo terminan tomando rasgos físicos muy parecidos, gestos, formas del rostro, llegado al extremo de ser idénticos, al contrario, hermanos que se separan cambian físicamente.

Lo que vemos afecta lo que somos, si usted lee sobre una determinada enfermedad su imaginación puede crearla, si alguien le cuenta que sufre de alguna dolencia que le causa mucha incomodidad, y usted se impresiona, termina con alguna alteración física similar.

Hasta embarazos mentales existen, la imaginación puede transformar, cambiar, alterar, modificar, todo el organismo.

Invitamos al lector para que se remita al libro Hipnosis. Donde se encuentra la técnica para a través de la sugestión, transformar estados mentales. Así como las técnicas para imaginar y visualizar.

Placebo Auto Sanación

La telaraña cuántica posee poderes desconocidos que actúan sobre el cuerpo humano de diferentes formas, restableciendo equilibrios químicos y funcionales.

Para comprender este aparte se debe tener en cuenta tres procesos importantes.

⊠ Meditar
⊠ Respirar
⊠ Hidratarse

⊠ **Meditación**

En épocas remotas diferentes culturas convirtieron la meditación en religión, promulgando sus beneficios y sus extraordinarias influencias en la salud.

Básicamente la meditación es aquietar la mente, serenar todas las funciones, poner en armonía los estados emocionales y físicos, evitando las tensiones producto de las emociones sin control.

Existen miles de formas de meditar, no solo en la quietud corporal, se puede meditar en la contemplación visual, sonora, táctil, todo consiste en producir una relajación física mental, o desarrollar el entrenamiento autógeno, es en sí un proceso de relajación paso a paso, controlar los estados emocionales evitando las tensiones musculares.

La imaginación juega y rol importante en la meditación, es la clave para permitir que los pensamientos se aquieten, por ende, se debe aprender a concentrar el pensamiento.

Los pensamientos parásitos se deben controlar mediante la imaginación, evitando aquellos que distraen y como lo vimos anteriormente, concentrando la mente en los colores o números.

Al meditar, los niveles de energía se armonizan, esto, permite evaluar las diferentes tensiones involuntarias o que no son alteradas conscientemente.

Este tipo de meditación permite observar que pensamientos o emociones que crean las tensiones, de esta manera, poder manejar los niveles de estrés o angustia que las producen.

La meditación es una terapia de invaluable valor si se práctica de manera constante, infortunadamente en pocas ocasiones se recurre a ella.

Es importante en la vida hacer una pausa, ralentizar el diario vivir, evaluar interiormente las emociones, evitar los eventos y personas tóxicas que alteran los estados mentales, que, a su vez producen alteraciones físicas.

Todo esto se basa en el arte de imaginar, las diferentes imágenes mentales, producen diferentes estados de vibración, desde la serenidad hasta la impetuosidad, un recuerdo de un evento negativo que ronda la mente sin poder anularlo termina por crear una tensión muscular tanto externa como interna produciendo diferentes síntomas, que, aunque sean tratados médicamente no desaparecen, el engrama que los provoca continuara creando el estímulo negativo.

❈ Respiración

La energía vital, respire, cálmese, serene su mente, es el complemento de la meditación, el saber respirar induce la calma y relajación, así como en estados alterados de consciencia, mal genio, tristeza, desesperanza, etc., Fortalece todos los sistemas que se encuentran en conflicto.

La energía se regula mediante una respiración profunda y controlada, acompañada con imágenes de las partes del cuerpo que se desean relajar, se divide en dos partes importantes:

Inspiración: inhalar el aire por la nariz inundando los pulmones de manera lenta, sin apresurar, manteniendo la boca cerrada, la inspiración debe ser profunda, lenta y larga.

Es prudente en este proceso, contemplar la obscuridad que aparece en los parpados, tratando de dejar la mente tranquila, imaginar un cielo azul... Un lago sereno... El viento sobre un trigal... Mientras inspira, produce una profunda relajación.

Expiración: exhalar, un proceso aun más lento, se expulsa el aire por la boca de manera lenta, dejando que los pulmones liberen todo el aire. Es prudente entrenar la mente para que se aquiete en el momento de liberar el aire contenido.

Al tiempo, permitir que los grupos musculares se relajen, lento... Suave... Despacio... Armonizando mente y cuerpo.

Al percibir que las tensiones desaparecen, se deja la mente libre, concentrando el pensamiento en las diferentes imágenes que aparecen, luego se manejan hasta que se ingresa en un estado alterado de consciencia.

Es en este estado donde aparecen los pensamientos o recuerdos que producen diferentes alteraciones físicas o somáticas, cada imagen repercute en una parte del cuerpo.

▨ Hidratación

El 74% del cuerpo humano es agua, junto con el oxígeno o respiración son los elementos más importantes, para el soporte vital, pero..., el agua posee otros elementos adicionales, vibra con la energía mental, en todas las culturas existen rituales relacionados con el agua, sentimos una poderosa atracción hacia las fuentes, cascadas, océanos, lluvia, ríos, lagos, etc.

No es solo beber agua para saciar la sed, es comprender que antes de hacerlo se debe unificar con la "energía" o su vibración.

Si antes de beberla, por un instante sosiega y serena su mente, irradia de su pensamiento sentimientos armónicos e imagina que su fuerza interior se armoniza con este elemento, al beberlo sentirá como las energías se funden en una sensación diferente.

El doctor Masaru Emoto, a pesar de las críticas, demostró algo que en el viejo conocimiento mágico ya se conocía, el poder "sanador" del agua.

Pero... El agua es neutra, vibra con la intensidad de la imaginación, se transforma el pensamiento en un proceso cuántico increíble, las moléculas del agua vibran cambiando su estructura, al beberla o aplicarla, hacen que los demás líquidos se armonicen.

Dice Kadaisha: "El agua, igual que el alma, jamás se ensucia o se degrada, simplemente transporta lo indeseable, al purificarse conserva su pureza".

Hidratarse es un ritual, si antes de calmar la sed, concentra su intención en imágenes serenas, proyecta su energía, imagina cubriendo y armonizando el agua que va a beber, y luego como si fuera un ritual se hidrata, notará grandes cambios en su cuerpo y mente.

Si esto lo acompaña con la respiración, crea una campana de energía que sin ninguna duda le protegerá de enfermedades o al menos sentirá la mejoría.

La magia antigua usaba el agua como un elemento de poder, a pesar de desconocer su potencial mágico o cuántico, hoy se utiliza de forma casi despectiva. Pero... Sigue siendo el sentido de la sanación, no solo del cuerpo sino del alma.

Una persona deshidratada genera estadios de alteración, cansancio, su mente se altera igual que su energía, respira con dificultad, suda, elimina líquidos por la tensión, si alguien toma un vaso con agua, le proyecta imágenes de armonía, observa en su plano mental como el agua se inunda de energía, y la da a beber, puede comprobar como en breves instantes la persona alterada se regula.

 El agua esta sujeta con las fases de luna cuando adquiere mayor o menor poder, hidratarse es un ritual mágico, si antes de beberla se armoniza mentalmente, junto con la respiración son los dos elementos mas relevantes de la vida.

El Efecto Placebo

Bien se podría definir como el *"Efecto Cuántico Mental"* la mente y la imaginación transforma una onda en materia, crea un sinnúmero de químicos los cuales regulan el cuerpo produciendo la sanación.

Veamos un proceso reconocido por la ciencia dentro del campo de la farmacéutica.

Todos los laboratorios antes de producir un medicamento o medicina para tratar diferentes patologías utilizan grupos de prueba, todos tienen igual sintomatología o enfermedad, dividen el grupo base o de control en varias partes.

Un grupo recibe el medicamento compuesto de químicos, los cuales actuaran sobre los diferentes síntomas o enfermedades.

Otros reciben un medicamento similar, pero sin químicos, un placebo.

Placebo: "Pastilla, jarabe, inyección, de presentación similar con un determinado medicamento, es inocua, no posee ningún principio activo, está creada de agua o azúcar, pero produce efectos terapéuticos en el organismo produciendo la sanación".

Al dividir el grupo de control entre las diferentes variantes, se inician las pruebas.

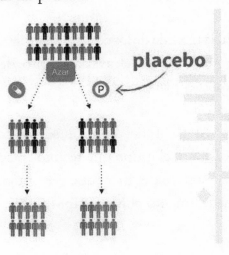

ensayo clínico
aleatorio

El grupo es divido y se inicia el control se entregan medicamentos similares tanto a uno como a otro.

Se evalúan los criterios de respuestas y acción sobre los síntomas.

A un grupo se le administra el medicamento con principios químicos activos.

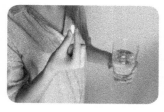

Al otro se les administra un medicamento "Falso" sin principios activos o "placebo".

Esto el grupo lo ignora, nadie sabe que el medicamento no produce nada.

En la medida de los controles, se desarrollan estadísticas y mediciones del avance, tanto del principio activo como el placebo inerte.

⊠ Al final del control se ha concluido que: en ocasiones el grupo que recibió "placebo" ha mejorado los síntomas, más que el grupo que recibió el medicamento con principio activo.

⌘ Que en un porcentaje reducido el grupo que recibió el principio activo mejora más que el que recibió placebo.

En todas las experiencias y controles, los grupos que reciben placebo tienen efectos benéficos, como si hubieran recibido el principio activo.

IMAGINACIÓN Y MENTE CUÁNTICA

Aunque la ciencia no define exactamente que ocurre con la enfermedad, la imaginación y el efecto placebo, resaltan los cuestionamientos, si la imaginación puede actuar sobre la "química" humana para sanarse, ¿también actúa sobre la química humana para enfermar?

Es la convicción o el poder de la imaginación la que produce que una "onda", comentario, sugestión, aceptación, etc., Se transforme en el cerebro en un proceso material, se generen los químicos se requieren para armonizar, nivelar, regular los procesos fisiológicos.

Entonces es ahí donde se encuentra la telaraña cuántica, se acepta algo que no es real y se convierte en realidad.

De igual manera ocurre, al contrario, la mente y la imaginación pueden desarrollar cualquier tipo de enfermedad, que, aunque no exista, se convierte en una realidad mental, para la cual no existiría tratamiento físico.

Tomando en cuenta, que el principio activo es la "convicción e imaginación" que se padece de esa dolencia.

Solo al transformar el proceso mental vendría la sanación, de lo contrario la mente seguirá generándola.

Esto puede dar respuestas; en la antigua magia, tanto con los males o enfermedades impuestas o "brujería" y maldiciones, como con las sanaciones espontaneas. Imaginación y convicción.

La imaginación y la enfermedad

Enfermedades estacionales, imaginación y emociones.

(Para comprender este aparte en profundidad, se recomienda remitirse al libro **Zodiaco y Destino**).

Durante el día, y durante todo el año solar, se presenta una intensa variación de luz, solar y lunar.

Una serie de procesos que alteran el ritmo circadiano, básicamente el intercambio entre serotonina y melatonina.

Esto afecta de forma distinta a mujeres y hombres, los ciclos son infinitos entre las infinitas variaciones lumínicas, así como la estación, fase lunar, biorritmos, sueño, vigilia, etc.

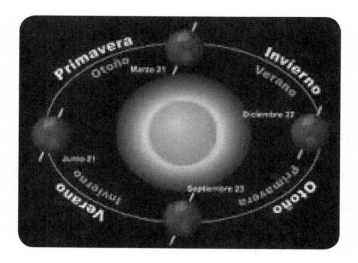

Al igual que durante el día cambia el ritmo circadiano, las alteraciones se producen de manera más intensa durante las estaciones. Tanto para el hemisferio norte como para el sur, conocidas, como síndrome disfórico estacional.

Las estaciones

Las diferentes variaciones en la intensidad solar en cada parte del año afectan la psiquis, por ende, se producen "marcados cambios emocionales" que, a su vez a través de la imaginación sumado con el entorno social, inducen a mayor alteración de la salud, con enfermedades estacionales.

Cuanto más retirado o alejado de la línea ecuatorial se encuentre bien al norte o al sur, los síntomas serán en escala de mayor intensidad, cerca o sobre el ecuador, los síntomas serán menores.

Igual con las estaciones serán más extremas en cuanto se está más lejos.

Invierno

Con la ausencia de luz solar, el cerebro inicia un increíble proceso, la serotonina cede a la melatonina, el frío invernal cambia drásticamente el estado emocional.

La imaginación se torna negativa y pesimista, la melancolía aparece y con ella los recuerdos tristes, esto hace que se entre en depresiones constantes.

Al imaginar sin control, la cascada de situaciones sumada con la letargia o narcosis, imunosuprimen o bajan las defensas dejando vulnerables a infecciones.

Al ser una época de baja temperatura de manera instintiva se busca la cercanía de otros junto con los encierros, aislamientos, seguridad, luz, calor.

El frío, la oscuridad al tener menor cantidad de luz solar, junto con la ausencia de colores vividos, todo se transforma en blanco y negro y escala de grises, produce en el cerebro una serie de alteraciones que inducen a un cambio de consciencia, por ende, la imaginación se torna negativa, generado procesos que afectan tanto al organismo como al comportamiento. La ingesta de alimentos, bebidas, el consumo aumenta con base en el aislamiento invernal, se actúa contrario con la naturaleza, y al hacerlo, se obtienen las consecuencias.

Es durante la temporada invernal donde la imaginación de alguna manera produce una mayor afectación física, esto sirve como elemento importante para "atraer la atención" mayores visitas, compañía, cercanía, y mayor contagio.

Esto hace que, al estar más cerca, los contagios son mayores, igual ocurre con los alimentos, al tener que consumirlos con mayor temperatura producen fuertes choques térmicos alterando el sistema digestivo, se presentan problemas renales, dolores musculares, narcosis y fuertes neuralgias.

La imaginación aumenta y magnifica los procesos, genera mayores enfermedades, aunque estas no se existan, se somatizan los sentimientos.

Enfermedades invernales

Gripes, neuralgias, problemas renales, tensión y dolor muscular, problemas digestivos, narcosis o sueño, cansancio, apatía, depresión.

Primavera

Una temporada extraña de sensaciones, emociones y sentimientos encontrados.

Los cambios lentos donde la melatonina seden ante el inicio de la serotonina hacen que la imaginación genere procesos renovadores, ilusiones, esperanzas, anhelos, la nostalgia ha pasado, se renuevan lentamente las energías.

Es un tiempo cambiante, el deshielo invernal aparece, junto con los primeros brotes, las afectaciones cambian, los problemas bronquiales aparecen por el polen que se libera, así como la desintoxicación del invierno produce cambios con alteraciones digestivas, la intensidad de luz solar activa la serotonina aumentando la energía física y mental.

Al mejorar el clima, las reuniones sociales, el regreso al trabajo, estudio, labores y festividades primaverales, acusan mayor contagio de virus, gripes, bronquitis, infecciones urinarias, aparición de hongos.

La imaginación cambia los estados emocionales, los pensamientos son ahora más concretos, todo tiende a mejorar, se percibe la esperanza de los nuevos inicios, planes, proyectos, ilusiones, amores, etc.

Es la estación donde aumenta el poder mental, logrando grandes cambios.

La motivación, el deporte, el cambio del paisaje ahora con vivos colores estimula el pensamiento amplificando la imaginación.

Enfermedades primaverales

Alergias, gripes, bronquitis, dolores musculares, dermatitis, hongos, problemas auditivos, conjuntivitis, gastritis.

Verano

La melatonina ha desaparecido, las horas de sol son de mayor duración produciendo serotonina, alegría, felicidad, bienestar, aumento de energía.

Pero el verano trae un peligro escondido, las migraciones, viajes, paseos, la cosecha de la primavera trae mayor contagio de bacterias, por ende, los problemas digestivos e infecciones aparecen en mayor medida.

La imaginación en el verano entra en un estado de "poder" o genera estados elevados de confianza, todo brilla y ese brillo es altamente vivificante, momento en que todo se refuerza.

Una imaginación desbordada lleva a la osadía, se asumen retos y desafíos de gran peligrosidad, se toman la mayoría de las decisiones equivocadas, se ejecutan actos innecesarios que terminan en tragedias, de hecho, el verano es la estación con más accidentes.

Enfermedades del verano

Básicamente todo tipo de infecciones, el aumento de la temperatura produce el clima ideal para el aumento de bacterias.

Deshidratación, migrañas, dermatitis, quemaduras solares, otitis, diarreas e intoxicación, problemas de vesícula, enfermedades de transmisión sexual, problemas genitales y anales, estreñimiento, asfixia, apnea, infecciones por picaduras de insectos.

Otoño

La estación que cambia bruscamente los estados emocionales y por ende la imaginación, la ausencia de serotonina se siente de manera inesperada, la caída de la luz solar produce un aumento de la melatonina.

La depresión, nostalgia, tristeza, ansiedad, soledad, abandono hacen su aparición llevando la mente a un estado apático.

La imaginación se polariza lentamente en lo negativo, aparecen los temores, ausencias, incertidumbre, se revalúan las acciones tomadas, la luz otoñal que anuncia el invierno produce un cambio total en los estados mentales y físicos.

La imaginación es descontrolada, se llegan a estadios mentales altamente conflictivos.

Este estado emocional incide en el desarrollo de diferentes enfermedades, donde la imaginación las refuerza al conocer determinados síntomas, es la época donde por "asociación" se generan similares procesos.

Enfermedades del Otoño

El proceso se repite de manera similar con la primavera, la depresión luego del verano, las ausencias, volver a la rutina y la preparación para el invierno.

Se presentan, alergias, gripe, dermatitis, migrañas, apatía, pereza y narcosis.

Contagios, ansiedad, sobrepeso, irritabilidad, mal carácter, desordenes en los ritmos circadianos, insomnio, cambios menstruales, aumento potencial de la testosterona, aparición de enfermedades complejas, fuertes neuralgias.

Se recomienda como complemento la lectura del libro Zodiaco y Destino, donde se comprende como actúan los ciclos lunisolares en las diferentes alteraciones que producen, de acuerdo con la estación donde se haya nacido.

LA IMAGINACIÓN Y LAS ENFERMEDADES

Las emociones actúan sobre la salud de una manera extraordinaria, el cuerpo emite las señales de lo que está sucediendo en el campo de la energía mental; la imaginación produce las contracciones o alteraciones.

La unión entre la imaginación y el cuerpo funciona en dos aspectos, la imaginación envía una información, la mente genera una serie de sensaciones que alteran el organismo, dependiendo de la intensidad de la emoción o la imagen que se produce, determinados órganos son alterados, por ende, se somatiza el estado emocional.

Al recibir una información que causa "vergüenza" la amígdala afectada por la imaginación espontanea de pena, produce una vasodilatación facial o enrojecimiento.

De igual manera, ante una mala noticia, la imaginación produce en la amígdala una alteración contracción, la vasoconstricción, palidez, frío, sudoración y desmayo.

Esto se amplifica exponencialmente cuando la imaginación es constante sobre una determinada emoción, la cual produce alteraciones y enfermedades.

Cómo funciona

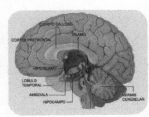

La amígdala, se encuentra en los dos hemisferios cerebrales, pero está intrínsecamente conectada con todo el sistema límbico, el cual bien podríamos llamar sistema "instintivo" regula y controla las emociones, estados de ánimo, vergüenza, alegría o tristeza, miedo, defensa, la conexión con la glándula pineal de acuerdo con el reflejo de proximidad, genera que la amígdala "dispare" toda una serie de estímulos para la protección, huida, defensa o parálisis ante el miedo.

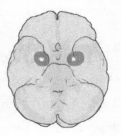

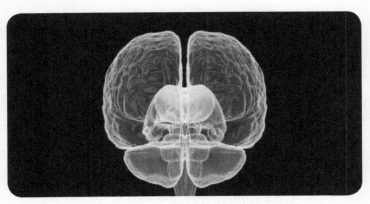

Todo el sistema límbico está controlado por la glándula pineal, la cual produce un sinnúmero de estímulos, que a su vez hacen el que el cerebro genere mayor ó menor producción de hormonas que a su vez, actúan sobre los sistemas del cuerpo.

Ahora; este entramado neuronal es alterado por la imaginación, en dos vías, tanto por la información que llega a través de los sentidos, como la información que nace en el pensamiento.

El sistema límbico no reconoce de que vía procede el estímulo interna o externa, así un recuerdo, una imagen, un pensamiento, una emoción interna, desencadena todo un proceso similar a que si fuera real.

Un recuerdo puede generar palpitaciones, sudoración, miedo, ansiedad, excitación, irá, alegría o tristeza; ante esa imagen todo el cuerpo reacciona como si el evento fuese real.

- ▨ Recordar un accidente que impacto
- ▨ Recordar la muerte de alguien
- ▨ La sensación de una comida

- ⊠ Un encuentro sexual
- ⊠ Recuerdos eróticos
- ⊠ La voz de alguien
- ⊠ El perfume

Básicamente todo lo que la mente produce, y todo cuanto existe, para el "sistema límbico" no puede hallar diferencia, reacciona de forma similar.

Es donde la imaginación perturba el sistema que a su vez altera o armoniza todo conjunto de órganos.

Toda imagen mental, tiende a convertirse en realidad, el cuerpo no identifica si el estímulo viene del exterior o del interior del cerebro, simplemente reacciona con la información que el sistema límbico le envía.

Si se imagina una enfermedad, está aparece somáticamente así no exista.

Parálisis, ceguera, embarazos, alergias, dermatitis, todas las inflamaciones, etc., Pueden ser generadas por la mente sin que tengan influencias externas.

La amigada, que controla las emociones, percibe las feromonas humanas tanto de hombres como mujeres, este tipo de atracción viene acompañado del estímulo visual, una mujer de caderas envía un mensaje de estar preparada para parir, un hombre de espalda ancha envía el mensaje que puede proteger.

Si estas imágenes visuales van acompañadas de las feromonas producto de cargas hormonales, que indican estado de salud, ovulación, deseo, excitación, la química reacciona anulando la razón y dando paso al instinto de supervivencia.

En ocasiones, el hombre predispuesto a la sexualidad percibe las feromonas de una mujer ovulando llega al extremo de no contenerse, una probable respuesta al porqué muchas mujeres que han sido violadas quedan en embarazo.

En ningún momento el comentario justifica tal acción, pero si puede dar una luz sobre la química y la atracción.

 En esta imagen se puede percibir, las diferentes atracciones que despierta la forma física y el mensaje que envía. ¿Cuál le atrae más? ¿Puede explicar cuál es la razón de su elección y no otra? ¿Y cuáles están mejor preparadas para parir?

Con los hombres pasa exactamente igual, ¿cuál le 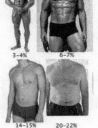 llama la atención, y cuál es la razón?

Fuera de esas aparentes señales naturales, todo influye, rostro, ojos, labios, manos, pies, sumando todo, con la producción de feromonas y hormonas.

El poder de la química llega a ignorar los fenotipos, mujeres y hombres con gran intensidad atraen sin importar el aspecto físico.

La amígdala y la glándula pineal responden con mayor intensidad a las vibraciones químicas que a las vibraciones de los sentidos.

Luego el sistema límbico actúa sobre las emociones creando atracción o repulsión, algo complejo ocurre.

Pero... la imaginación puede cambiarlo todo, "engañar" mediante imágenes todo el proceso.

De manera similar ocurre con los eventos de la vida.

El miedo, el peligro, lo desconocido, los temores más profundos de manera instintiva resaltan generando procesos de defensa.

¿Si esta araña apareciera sobre su almohada como reaccionaria?

Usted sabía que en los zapatos es el lugar preferido
para que las arañas y demás
alimañas se oculten, en los
rincones oscuros esperan
para atacar e inyectar su
poderoso veneno.

El veneno de este escorpión
es letal, tan solo en 14
minutos produce la muerte
al ser un neurotóxico paraliza
los pulmones.

Tómese un tiempo y piense... haga una pausa e
imagine las arañas y los escorpiones.

¿Cuál es la sensación de la picadura de un animal
venenoso?

¿Qué haría en ese evento?

Analice, ante la lectura, que partes de su cuerpo han
entrado en tensión, a donde viajo su imaginación,
¿cuál fue su primer impulso, que recorrido hizo
mentalmente fuera de lectura?

Pero todo es solo imaginación, su cerebro reacciona ante un dibujo, casi de forma similar que, con la realidad, y, si le diéramos un poco más de profundidad al dibujo que pareciera que saliera de la página usted reaccionaria de otra manera.

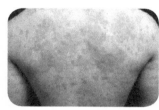 Los temores o las dudas generan respuestas somáticas, se ha comprobado que la dermatitis o alergia nerviosa, es causada por un desequilibrio emocional que altera la piel.

La imaginación mal manejada puede causar la muerte. La pena moral.

Deseos y recuerdos reprimidos

La mente esta dividida en dos partes, mente con consciente y mente subconsciente, la imaginación pose más poder en la parte subconsciente, el área que no analiza ni cuantifica la información que recibe, pero la conserva.

Realmente el lenguaje del subconsciente es la imaginación, los engramas o marcas bien son de eventos acaecidos o eventos creados como falsos recuerdos, en su diferencia deseos reprimidos.

No afloran directamente en los estados de consciencia, pero están ahí, agazapados creando procesos de alteración.

Las vivencias

Toda vivencia genera un "engrama episódico" en otras palabras menos técnicas, todo recuerdo de un determinado evento que deja una huella en la mente, produce una u otra alteración, al revivir el recuerdo o episodio, desencadena una serie de patrones que actúan sobre el sistema límbico generado diferentes alteraciones físicas.

Si, el evento ha dejado algún tipo de huella, contracción muscular, neuralgia, dolor abdominal, insomnio, frigidez o impotencia.

Estos síntomas se mantienen o aparecen de manera intermitente, a pesar de tratamientos o terapias, no desaparecen hasta que la mente "libere" o desancle el episodio que ha creado el determinado bloqueo.

Se debe indagar o escudriñar los eventos que acaecieron antes y posterior al episodio, comprendiendo cada uno de sus apartes, para así trasladarlos a la mente consciente, la cual racionaliza y cuantifica.

Al comprender los diferentes engramas, lentamente se va liberando el bloqueo existente, en ocasiones se requiere de catarsis para lograr eliminar ese determinado bloqueo mental.

⊠ **Catarsis:** Técnica para enfrentar vivencias traumáticas, armonizando las emociones hasta hacerlas inocuas, comprensión racional de situaciones de impacto. Normalmente, hablando de ellas y comprendiendo su sentido real.

Los recuerdos o eventos episódicos, no se eliminan de la memoria subconsciente, pero si se transforman.

Adicional con lo anterior la telaraña cuántica, hace que determinados eventos limitantes se encuentren encadenados con otros procesos o anteriores vivencias.

Así un evento acaecido durante la infancia, se ver reforzado con otro ocurrido en la juventud, para la mente subconsciente no existe el espacio tiempo, sino un eterno presente en un espacio constante, el del pensamiento.

Vivencias fantasmas

También conocidas como falsos recuerdos, si bien no son experiencias vivenciales, si son experiencias narradas que se atribuyen a episodios irreales, pero, se consideran realidad.

De igual manera existen o se desarrollan por asociación, escuchar una historia que se asocia con alguna duda de un evento determinado, genera la concepción que así ocurrió.

Todo lo que se imagine y se relacione con otros eventos o se asocien así los eventos nuevos no sean reales, se convertirán mentalmente en una realidad.

Se podría generalizar que la gran mayoría sino todas las personas, tienen recuerdos falsos.

Estos producen un sinnúmero de limitaciones, miedos, timidez, ansiedad, pena, alteraciones físicas y mentales.

Es complejo encontrar en lo profundo de la mente, donde termina la realidad y comienza la fantasía, o, en donde lo fantástico es irreal.

Tanto el uno como el otro, generan patrones de tensión mental y luego física, se crean engramas inexistentes, los cuales van somatizándose con diferentes alteraciones tanto mentales, físicas como energéticas, bien podríamos sugerir que la suerte, el bienestar, la atracción del amor, el éxito, la fortuna, la inspiración, el progreso, y mucho más, está profundamente entrelazado con los pensamientos, imágenes, recuerdos, sucesos acaecidos, eventos mentales fantasmas.

Esto, limita o motiva, atrae o rechaza, genera confianza o temor, osadía o limitación, salud y enfermedad.

Las acciones de la vida, es un proceso mental, el universo es alterable mediante el pensamiento cuántico, se transforma cuanto existe si se sabe encontrar las vibraciones mentales que actúan sobre las vibraciones físicas.

La vida de cada persona está realizada con base en lo que imagine, proyecte, ejecute, desarrolle y en la energía que reciba.

Deseos reprimidos

Estos deseos se encuentran en lo más profundo de la mente, fluyen como imágenes que se reprimen, los cuales aparecen de forma inconsciente, llegando a crear patrones de ansiedad o en su diferencia a suponer posesiones de entidades que producen esos deseos.

Cada persona posee en su interior un lado oscuro, suma de leyendas, recuerdos, episodios, deseos, curiosidad, narraciones o cuentos, comentarios, películas, etc.

Pero también ocurren por química, falta de algún nutriente o un fuerte deseo instintivo, los laberintos de la química unida con la imaginación son bastos e inabarcables.

Toda represión causa alteración, si bien estos deseos no aparecen de manera constante en la mente consciente, si están activos en el subconsciente, todo el tiempo están ahí como fantasmas agazapados, creando alteraciones, bloqueos, limitaciones, sensaciones, desencadenan ansiedad, en ocasiones desespero, sin que se tenga conocimiento que está ejerciendo un cambio directo sobre el cuerpo.

Este tipo de imágenes, han existido por siempre no es algo exclusivo de un individuo todos de una o de otra manera en un alto o bajo nivel, desencadenan durante la vida deseos ocultos que son reprimidos, en ocasiones el deseo domina la razón y se cometen actos contrarios con la sana convivencia social.

Los deseos fantasmas o reprimidos aparecen cuando una determinada situación o acción, es compatible con las imágenes, la tentación aparece, se liberan una serie de imágenes acompañadas de sensaciones, el deseo se quiere experimentar, pero la razón, la ética, el concepto social, la falta de confianza, etc., genera el bloqueo, es cuando se inicia un conflicto mental, entre; hacer y detenerse.

Estas alteraciones repercuten en todo el sistema, tanto físico, mental y energético, lleva al aislamiento, al complejo, la culpa, la ansiedad, crea bloqueos de la vida cotidiana, afectiva, económica, social, son causa de enfermedades, síntomas, malestar, dolores, contracciones nerviosas y musculares, problemas de inseguridad, pérdida de la confianza, dudas del estado mental.

Las represiones mentales, crean imágenes obsesivas difíciles de controlar, las cuales inducen a ejecutar actos que las aplaquen o a recurrir a fármacos que las atenúen.

Cuando se experimentan produciendo un intenso placer, se convierten en un tormento.

Tipos de deseos reprimidos

Los hay en todos los ámbitos de la vida, algunos de ellos:

⊠ Obtener dinero fácil
⊠ Osar ejecutar actos de riesgo, como caminar en cornisas elevadas
⊠ Ejecutar actos prohibidos
⊠ Formar parte de grupos o sectas donde hay participación sexual

⊠ Desear o enamorase del papá, teniendo fantasías eróticas

⊠ Desear o enamorarse de la mamá teniendo fantasías eróticas

⊠ Desear y enamorase de hermanos, con respuestas eróticas

⊠ Tener relaciones extrañas

⊠ Tener relaciones en sitios prohibidos

⊠ Compartir con extraños una aventura

⊠ Seducir a quien no se debe

⊠ Tener fantasías eróticas de todo tipo

⊠ Deseos de venganza contra alguien

⊠ Imaginar sucesos trágicos en contra de un lugar o persona

⊠ Sentir fuerte atracción por determinados olores

⊠ Sentir fuerte atracción por determinadas partes del cuerpo

⊠ Sentir la necesidad de beber sangre

⊠ Sentir la necesidad de probar o saborear fluidos corporales

⊠ Excitarse viendo o imaginando que se comparte la pareja

Los deseos reprimidos no solo son fantasías, son impulsos que producen algún tipo de sensación, algunos pueden ser pasajeros otros van en aumento.

La imaginación supone una protección intima, nadie sabe lo que usted imagina, se generan extraños pensamientos acompañados de deseos, si estos, producen en el cerebro un placer, el cerebro se "envicia" exigiendo que se le alimente con más imágenes que llegan a convertirse en realidades, algo que termina en serios problemas.

Sado

En el otro extremo de la profundidad de la mente aparecen el Sado y el sadomasoquismo, encontrar un fuerte placer al ser dominado, maltratado, abusado, violado, ser tratado cruelmente.

El placer es obtenido tanto para quien lo ejecuta, como para quien lo recibe.

Es de aclara no solo forma parte de encuentro sexual, esta fantasía deriva con todos los aconteceres de la vida y la cotidianidad.

En el Sado, los placeres, ordenes, sometimientos van en aumento, llegando a verdaderos extremos de perversión y crueldad.

Existen dos circunstancias con este tema...

🞖 Sado consensuado
🞖 Sado por deseo de venganza

El Sado consensuado, consiste donde el amo y el sumiso/a aceptan su posición, de esclavo o amo, permitiendo, sugiriendo, pidiendo, aumentar los placeres, sin restricciones o negaciones.

Esto puede llevar a descubrir profundas formas de placer, lo cual genera dependencia dejando marcas mentales, los engramas así generados, son difíciles de anular o armonizar, el placer se convierte en vicio.

Existe un infinito de variantes, donde el dominio va en aumento. (*Véase el Libro* **Vampirismo psíquico**)

En el Sado consensuado se prestablecen códigos que se deben respetar hasta donde es permitido el avance de las diferentes acciones que pueden causar daño físico.

Sado por venganza

No es consensuado, y no obedece exclusivamente con el ámbito sexual, es el placer que se obtiene de generar maltrato pervertido y cruel sobre otra persona, motivado por un sentimiento de venganza, poder, posición, dominio, mando o simplemente el placer de ver sufrir.

Esto ocurre cuando una fantasía destructiva genera inicialmente las imágenes, luego se actúa sobre ese deseo.

▒ Hacer daño a un compañero de trabajo, encontrando placer al verle sufrir.

▒ Maltratar un niño o niña

▒ Programar, idear, crear, eventos para lastimar a la pareja, pero haciéndole creer que es la víctima.

▒ Maltratar o minimizar a una persona con cometarios crueles y despectivos.

▒ Todo tipo de humillación

▒ Hacer o ejecutar acciones que perjudiquen a alguien, sin ser descubiertos

▒ Violaciones

▒ Maltrato animal, causando dolor

▒ Crear mentiras para generar caos

▒ Incentivar, sugerir, inventar, determinados sucesos con el ánimo de hacer ejecutar actos que generan conflictos.

El listado es extenso, igual estos actos e imágenes producen placer, llegando a ser obsesivos, en la medida que se ejecutan aumenta el placer y por ende aumenta también la creación de nuevas formas de sufrimiento.

Doble personalidad

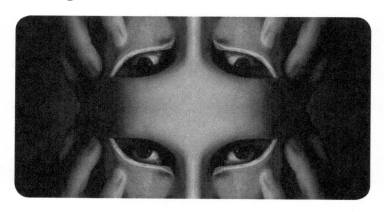

La imaginación, los deseos reprimidos, la soledad genera extraños monólogos, dentro del poder de la mente, las experiencias extracorpóreas, voluntarias o involuntarias, producen una serie de fenómenos extraordinarios.

La bilocación fantasmal, está fuertemente ligada con la "telaraña cuántica" se puede estar en muchos lugares al tiempo.

Los deseos reprimidos por la consciencia abren la puerta a una proyección de la doble entidad, la cual realmente puede tomar determinadas formas, sombras, nieblas, vampiros, lobos, etc.

WICCA

Zeus transformado en toro para robar a Europa.

En todas las culturas antiguas existen leyendas y narraciones de este tipo de experiencias, en la cultura griega Zeus, se convierte en toro y águila, en la egipcia el Ka del espíritu se proyecta, etc.

La historia está llena de estas narraciones, realmente existe el fenómeno, "experiencias fuera del cuerpo" de alguna manera desconocida la mente abandona el cuerpo físico, creando un ente con otra consciencia.

En el budismo, mediante la concentración se crea algo similar conocido como los Tulpas, seres creados mentalmente o fantasmas mentales. Diferente con el desdoblamiento o proyección de la consciencia (*Véase el libro* **Desdoblamiento Astral**)

Los Tulpas, dobles fantasmales, proyecciones inconscientes, son energías mentales concentradas no físicas, pero actúan sobre el mundo material.

Visibles pero inmateriales, son vibraciones de energía concentrada, se proyectan entre el ojo y el nervio óptico, así en una transposición se ven externamente.

 Una especie de alucinación, algunas cámaras de fotografía captan la frecuencia de onda plasmando la imagen, estos entes o energía mental

condensada actúa sobre la materia produciendo alteraciones físicas o fenómenos paranormales.

 Mujeres y hombres, acusan experiencias sexuales con entidades invisibles, algo que se presenta de manera común.

Al igual que lugares donde se considera algún tipo de infestación de energías.

Teniendo en cuenta que estas entidades liberadas durante la vida se perpetúan después de la muerte. En otras palabras, ese "doble" queda latente divagando en el mundo. Los estados alterados de consciencia llegan a crear involuntariamente este tipo de "dobles fantasmales"

Identidades múltiples

Paralelamente con lo anterior, existe el fenómeno de identidades múltiples, de hecho, así ocurre, de una o de otra manera cada ser, tiene diferentes personalidades, el lado oscuro de la mente genera procesos mentales de difícil control, dependiendo del estímulo, el interés, el deseo, se llega a crear personalidades diferentes.

Las cuales actúan en ocasiones por separado, una de la otra, algo que sucede de manera común en la actualidad.

Es fácil encontrar la despersonalización a través de las redes sociales, hombres que fungen de niños o mujeres, mujeres que fungen de niños u hombres, con diferentes roles, diferentes perfiles, diferentes conductas.

La concepción de Ángel y Demonio, los deseos reprimidos, los intereses, abren la puerta a través de la imaginación a un universo de extrañas personalidades.

La imaginación desde la infancia crea este tipo de personalidades múltiples, los niños y niñas, cada día interpretan un rol diferente en su inocencia, la imaginación hace el resto.

Mujeres y hombres atrapados en el mundo de la rutina, juegan en el mundo oscuro de la mente llevando su imaginación a vivencias extrañas, impublicables y prohibidas.

Estas, llegan a producir verdaderos desordenes mentales, complejos, sufrimientos, alteraciones físicas enfermedades de difícil diagnostico y de complejos tratamientos, todo está en la imaginación.

NEURO INFLUENCIA

Infestación mental

Este aparte posee un valor sustancial que debe ser analizado con calma, comprendiendo quizá el efecto más común de influencia mental.

¿Usted puede verse?

Probablemente dirá que sí, pero no es cierto, usted no se puede ver así mismo, puede contemplar una fotografía o un video, un reflejo en el espejo, pero no puede verse realmente.

De su cuerpo usted solo ve sus manos, brazos y piernas no más.

¿Puede imaginar como son sus orejas realmente ó su nuca y espalda?

Pero si puede imaginar a los demás, esta función de "no conocerse" es la razón por la cual, las imaginaciones o deseos, nunca llegan a lograrse, usted no se proyecta en la imagen que ha creado.

Excepto, cuando la imagen es impuesta externamente.

¿Cómo está de delgado/a?

Usted no se ve, pero acepta la información que genera estimulo o preocupación, el mensaje afecta tu mente, por ende, inicia todo el proceso de alteración física.

Todas las personas influyen sobre las otras, de diferentes maneras, directa o indirectamente, mediante el lenguaje, por gestos, comentarios, imágenes, uso de prendas o adornos, comentarios indirectos o fantasmas y, energéticamente.

Todo esto produce una neuroinfluencia, la afectación de su mente en diferentes escalas que actúan entre apatía y empatía.

Atracción o repulsión, aceptación o negación, con base en estos, se desencadenan un sinnúmero de emociones, celos, envidias, admiración, atracción, rechazo, desequilibrio emocional, afectación de la libido, perdida de la confianza o aumento.

Estas emociones se descontrolan e inducen a ejecutar diversos actos, con la convicción que son deseos personales y no influenciados.

Ejemplos

⊠ Si un vecino arregla el jardín, pinta la casa y decora. ¿Qué hacen los demás? Lo mismo, pero, sin darse cuenta, que, han sido influenciados.

⊠ La envidia, no tiene una razón real de ser, pero genera grandes conflictos internos, llegando al odio de quien la despierta.

⊠ Una persona bien vestida, induce a otras a vestirse bien o a ser criticada.

⊠ Una persona que progresa atrae enemigos.

※ Una persona feliz, genera infelicidad.

Al tener esa vibración intensa de neuroinfluencia, se genera una variante de imágenes de acuerdo con las sensaciones, se "ve" en la mente a quien las genera, y se imagina en la misma situación, peor o mejor.

Motivación o limitación, esto a su vez produce alteraciones, insomnio, sufrimiento, desgaste, incomodidad, fastidio, resentimientos, deseos de venganza, agresividad, desprecio.

En otras palabras, una sola presencia puede convertirse en algo muy tóxico, aunque no haya un motivo real de la razón por la cual nace la aversión.

En caso contrario, produce, admiración, respeto, motivación, reto, auto exigencia, competitividad, inspiración, lealtad, confianza.

Las imágenes generadas, producen una u otra alteración energética, carisma o desprecio.

Esta energía irradiada, influye directamente sobre la vida y los demás, la causa de la suerte o no suerte, éxito o fracaso, desdicha o felicidad que a su vez es transmitida mentalmente a otros.

Un contagio energético, puede durar toda la vida.

Todo sucede por la incapacidad de "verse" las imágenes que se crean van dirigidas a los demás, y, cuanto más se imaginan, más se aleja de su propio estado mental.

Despersonalización

Al perder la capacidad de ser e imaginarse, se entra en la despersonalización, se somete a otras personas, se pierde la autonomía, se aceptan las sugerencias, sugestiones, imposiciones, como verdades absolutas.

Cada influencia, es amplificada por la imaginación y la retro alimentación justificadora.

Afirmación:

¿Usted es bruto y torpe?
Retro alimentación con imágenes

⊠ Si tiene razón, se me dañan las cosas, se me caen, no sirvo para nada, no puedo solucionar nada, soy bruto, etc.

Y, cada vez que ocurre un suceso normal, se amplifica, por torpe y bruto me paso esto, así sucesivamente.

Afirmación:

No sea cochino, no coma huevo, es lo más sucio de la naturaleza.

Se asocian las imágenes, huevo con suciedad, asco, mal olor, las imágenes reafirman el concepto, y se termina rechazándolo. Pero...

Cada vez que se reafirma el concepto, este lentamente es "transferido" con lo demás alimentos, lácteos, cárnicos, etc., Hasta llegar a una inanición mental.

El rechazo, produce perdida de nutrientes, enfermedades, limitaciones, daños físicos y energéticos y, aunque se apliquen terapias nutricionales, no logran el efecto, existe un bloqueo mental.

Es una forma de dominio físico y mental, la despersonalización se aplica a todas las áreas de la vida, vestido, sueño, ademanes, pensamientos, iniciativa, todo es cercenado.

La gran mayoría de personas por complacencias, renuncian o aceptan las limitaciones impuestas por otros, la negación se reafirma con los conceptos de la aceptación y en ocasiones de culpabilidad.

- Tiene razón me equivoqué
- Así debe ser si así lo dicen
- No puede hacer nada, debo obedecer
- En la casa mis papás me decían, debe obedecer.
- Yo soy el que tiene el problema
- No debo llevar la contraria
- Mejor no lo hago
- Me voy a evitar problemas y acepto

El listado de justificaciones es proporcional con las limitaciones impuestas, se llega hasta el extremo de perder la total autonomía y, por ende, la vida cae en un espiral de desgracia, salir de él requiere de un proceso inverso mentalmente, algo que puede tomar años.

Hoy se aprecia como las religiones, dogmas, sectas, moda, marketing, política, farmacéuticas, relaciones afectivas, educación, redes sociales, ámbito laboral, etc., Utilizan la neuroinfluencia, para generar dependencia y consumismo.

La manipulación mental divide la sociedad en diferentes grupos, esto genera empatías por una u otra ideología, quienes en esto participan no tienen autonomía de decisión, solo son seguidores que han perdido la capacidad de evaluar, considerar, asumir, replantear, analizar y ejecutar de manera personal sus decisiones.

Se debe evaluar en el ámbito individual, cuántas limitaciones se han aceptado y la razón, luego el proceso de modificar determinados patrones o conductas recurriendo al entrenamiento autógeno y auto visualización o creación de imágenes de sí mismo. (*Véase el Libro* **Hipnosis**)

IMAGINACIÓN Y ENFERMEDAD

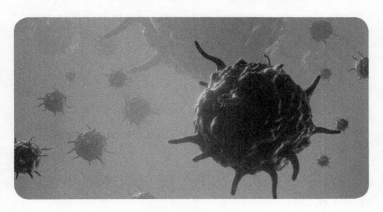

Preocupaciones laborales

Las emociones, los recuerdos, el estrés del día a día, los secretos, los pensamientos prohibidos.

Los problemas, las responsabilidades, los pensamientos e imágenes negativas, frente con la adversidad, producen tensión en los hombros, la cual actúa sobre toda la columna, eje de la vida, esta presión mental, cargada de preocupaciones hace que el sistema se altere, produciendo fuertes dolores.

Todo el sistema nervioso pasa a través de la médula, la gran mayoría de fibromialgias, dolores musculares, tendinitis, son producto de la imaginación alterada.

A su vez, esto contribuye con el insomnio, mal genio, decaimiento, ansiedad, angustia, impotencia sexual y frigidez.

La mente genera procesos tóxicos produciendo síntomas que indican que "algo" no está funcionando. El pensar constantemente en los problemas, al aumentar un estado fatalista, imaginando procesos destructivos, esa corriente mental negativa invade todo el cuerpo.

Se altera la producción de determinadas hormonas, el sistema orgánico entra en conflicto, la única salida son enfermedades que inducen una respuesta al cambio de conducta.

El cuerpo se resiente, se bloquea como protección, cuanto más sea la alteración mental y la imaginación, mayor será el efecto nocivo que se produzca.

La incapacidad de buscar soluciones, la limitación de las opciones, el sentimiento de fracaso altera la producción de elastina, eso hace que la piel se torne marchita y envejecida.

Las preocupaciones llevan con una perdida del apetito, y, aunque se consuman alimentos no nutren, esto produce un catabolismo, aparece la flacidez muscular, perdida de peso, alteraciones funcionales, todo el sistema decae, la depresión, la preocupación, en ocasiones termina de manera fatal.

Al contrario, una imaginación controlada, una actitud de autocontrol permite modificar los patrones de conducta.

El pensamiento canalizado en la búsqueda de soluciones, así como la actividad física, relajación mental, meditación, realismo, ayudan a superar los momentos difíciles.

Sentimientos

Nada afecta el cuerpo humano en mayor intensidad, que las emociones y sentimientos, tanto para embellecer como para enfermar.

Los sentimientos presentan el mayor gasto energético a nivel cerebral, las emociones producto de sensaciones, llegan a crear verdaderas enfermedades de complejo tratamiento.

El amor, el odio, el resentimiento, la infelicidad, la desesperanza, la incomodidad, el miedo, los celos, las tensiones, todas las emociones producen alteraciones físico-mentales que terminan convirtiéndose en afectaciones como:

⌘ Dermatitis
⌘ Pérdida del cabello
⌘ Pérdida de elastina y estrógenos
⌘ Pérdida de testosterona, causando daño de libido, atrofia muscular, impotencia sexual.
⌘ Daños en el sistema digestivo, urogenital, alteraciones cardiacas, afectación de la visión, alteraciones auditivas tinnitus, alteración del gusto.

Al contrario, la imaginación en estado de felicidad y armonía, produce benéficos.

Una persona enamorada, se embellece, brilla, la mente genera un sinnúmero de hormonas que actúa como bálsamos regulando los procesos físicos, de hecho, muchas enfermedades desaparecen al lograr una serenidad mental o felicidad. Es importante reconocer que el cuerpo humano es un sistema interrelacionado, donde la mente a través de los diferentes estímulos produce un extraordinario tejido hormonal.

No se debe ventilar una enfermedad de manera aislada con los estados emocionales, los síntomas son "reflejos de tensiones emocionales".

Problemas afectivos

- ⊠ Dolor muscular
- ⊠ Ansiedad
- ⊠ Incontinencia
- ⊠ Sudoración
- ⊠ Palpitaciones
- ⊠ Insomnio
- ⊠ Apatía
- ⊠ Falta de apetito
- ⊠ Alteraciones digestivas, diarrea o estreñimiento
- ⊠ Calambres
- ⊠ Tics nerviosos o movimientos involuntarios
- ⊠ Onicofagia, o comerse las uñas
- ⊠ Flagelación mental y física
- ⊠ Desesperanza

⌘ Pensamientos suicidas

⌘ Aumento del azúcar en la sangre

Todos los líquidos del cuerpo se alteran cuando los problemas afectivos no se manejan ni controlan, si estos, continúan durante largo periodo de tiempo, terminan produciendo enfermedades crónicas.

Problemas laborales

⌘ Dolor de hombros y espalda

⌘ Narcosis

⌘ Dolor y daño de columna

⌘ Dolor profundo del cuello

⌘ Problemas auditivos

⌘ Sudoración

⌘ Agresividad

⌘ Ciática

⌘ Parálisis y tendinitis

⌘ Amnesia

⌘ Parestesias, hormigueo en diferentes zonas del cuerpo.

⌘ Gastritis y ulceras

⌘ Ansiedad y desesperación

Celos

Un veneno para la mente y el cuerpo, los celos llegan a la destrucción total de diferentes tejidos, fuera de producir verdaderos desordenes mentales.

- ⚌ Aumento de la adrenalina
- ⚌ Ansiedad y desesperanza
- ⚌ Dolor precordial, o punzadas en el pecho
- ⚌ Infarto
- ⚌ Daño renal
- ⚌ Cistitis
- ⚌ Insomnio acompañando de temblores
- ⚌ Alucinaciones
- ⚌ Resequedad
- ⚌ Deshidratación
- ⚌ Flagelación
- ⚌ Tendencias suicidas
- ⚌ Muerte

Todas las alteraciones emocionales son reflejadas en diferentes tipos de enfermedades cerebro vasculares, algo que se debe tener presente cuando los eventos ocurren.

- ACV, o accidente cerebro vascular
- Dificultad para hablar
- Parálisis de un lado del cuerpo
- Pérdida funcional
- Dolores de cabeza o migraña
- Pérdida de la visión
- Daño auditivo
- Amnesia
- Parálisis
- Insensibilidad o anestesia
- Desordenes funcionales
- Alzheimer

La falta de control emocional va minando los sistemas, esto surge por una falta de control en la imaginación.

El deporte, la relajación, la catarsis, la educación y preparación para los momentos difíciles son elementos que permiten un estado mental armónico, la imaginación de igual manera produce sanación.

Esta debe estar canalizada en un cambio de manera de pensar, sentir, ser y ver la vida, reconocer las variaciones emocionales que se presentan durante las estaciones.

IMAGINACIÓN SANACIÓN Y ÉXITO

Todo está en la mente, la mente está en todo, el control del pensamiento, por ende, de la imaginación es una técnica aprendida.

El éxito o el fracaso, la salud o la enfermedad, la dicha o desdicha, riqueza o pobreza, amor y odio, todo es un pensamiento, una imagen que se impone de forma constante, un deseo ferviente por alcanzar cualquiera de los dos extremos de la libertad.

Imaginar, es el arte de recrear en la mente diferentes situaciones verlas, sentirlas, conocerlas, y, darles vida, hacerlas que se conviertan en realidad.

La suerte

Bien se podría definir como una energía creada por la imaginación, la suerte es un estado de la conciencia en la búsqueda de soluciones, avance, progreso, atracción, control, armonía y sabiduría. (*Véase el libro* **Atracción de la Buena Suerte**)

Para comprender como actúa, se debe manejar el arte de imaginar, concentrar el pensamiento, acompañado de la acción, de nada vale imaginar algo si no se actúa para obtenerlo, el poder de la imaginación va unido con a la acción.

Todos los problemas tienen solución

Todas las situaciones por adversas que sean tienen en el fondo una salida, en ocasiones las respuestas están escondidas en el problema, la imaginación es preponderante para mirar, observar, analizar, probar, recrear y planear antes de ejecutar.

Antes de dar una solución, se debe ventilar la escala del problema y las posibles variantes como respuesta.

Imagine los siguientes apartes

⌗ ¿El problema se puede resolver por si solo?

⌗ ¿Es un problema o una situación para mejorar otras?

⌗ ¿Si no se soluciona, el problema tiende a crecer o a extinguirse?

⌗ ¿Hasta dónde se ramifica el problema?

⊠   ¿Qué beneficio le aporta el problema?

⊠   ¿En qué lo perjudica?

⊠   ¿Cómo se presenta el problema en el tiempo, es inmediata la solución, hay espera, no tiene tiempo?

⊠   ¿A cuántas personas les afecta?

⊠   ¿Qué tipo de afectación produce?

Luego de ventilar estas y todas las demás situaciones que pueda imaginar, podrá ver el problema desde diferentes ángulos, entenderlo, comprenderlo, conocerlo, reducirlo en apartes, segmentarlo, lentamente lo convierte no en un problema sino en un desafío o un reto, al hacerlo va minimizando la influencia que el problema ejerce sobre usted.

Así, su mente estará serena, tendrá mayor objetividad, menos carga emocional.

Al mirar las situaciones con calma, sin importar lo dramáticas y apremiantes que parezcan, tendrá luego de evaluar el problema en todas sus partes, una mejor decisión.

La resolución de los conflictos se logra analizando el costo beneficio, la inmediatez no debe impulsar a improvisar, por ende, cuanto mejor se analice el problema, menos segmentos se van a ignorar.

De lo contrario, soluciones sin evaluación, terminan siendo peor que el problema que se quiere solucionar.

La imaginación permite ver las diferentes variantes con sus consecuencias, el pensamiento divergente entra a ocupar el espacio mental, busca recursos, asocia alternativas, ventila posibilidades.

Luego de la evaluación, se actúa, en ocasiones los problemas no se solucionan de golpe, sino de manera fragmentada, se debe ir conquistando paso a paso, cada segmento de este.

El viejo axioma "Divide y triunfas".

El éxito

No existe un éxito perpetuo, es algo que se debe mantener al conocer la resolución de los conflictos.

En esto radica básicamente el secreto **no en tener éxito, sino en evitar el fracaso.**

La imaginación nuevamente es el elemento importante, permite ver los posibles contratiempos, los obstáculos, con la imaginación se adelantan eventos, se evalúan futuros, se rectifican decisiones.

La proyección de una meta en el tiempo debe ventilar todas las posibilidades, los riesgos que se deben asumir, la actitud que se debe tener, las personas que complementan el plan, los elementos para lograrlo.

El fracaso llega por falta de evitarlo, por ignorar las señales, por no estar preparado para lo inesperado.

Al aventurarse en búsqueda del éxito, se debe tener claridad hacia donde se desea ir, cuál es el fin, que se persigue, que consigue, cuánto gasto de energía y recursos se quiere, y cuánta energía se obtiene de beneficio.

Luego viene la imaginación que permite encontrar la forma, que **la ganancia se convierta en inversión y no en gasto,** esto aplica en todas las áreas del éxito en cualquiera que sea la meta que se desea.

Este aparte es importante, y es el causante de muchos fracasos, gastar la ganancia es un camino rápido al desastre.

Todo funciona con base en la energía, gasto y ganancia, para esto es donde la eficacia y eficiencia; hacen la diferencia entre éxito o fracaso.

Plan o proyecto

Con base en lo anterior todo proyecto creado, evaluado en la imaginación, es proyectado al futuro, este, debe ser compatible con los ideales "**no aventuras sin conocimiento**" o intentos sin bases sólidas, improvisando y esperando a ver si funciona... **Si no se hace funcionar, no funciona.**

Al igual que con los problemas, todo proyecto se segmenta en su futuro crecimiento, prestando importante atención con los imprevistos que sin duda se presentaran y pueden conducir al fracaso.

Es prudente conocer que "motivación" existe para ejecutarlo.

Motivación: Proviene del latín Motivus, significa "Poner en movimiento" lo que genera poder de "ser".

- ¿Qué mueve a crear ese determinado proyecto?
- ¿Qué conocimiento tiene del mismo?
- ¿Tiene experiencia en esa área del conocimiento?
- ¿Cuenta con los recursos iniciales para permitir que el proyecto se desarrolle sin depender de él?
- ¿Está mentalmente preparado para exigirse?
- ¿A fracasado anteriormente en proyectos similares?
- ¿Ha hecho evaluaciones en dónde estuvo el error?

Todas las demás variables que considere deben evaluarse antes de intentar crear un plan y ejecutarlo. Es allí donde la imaginación y su conocimiento le permiten descubrir un inmenso abanico de posibilidades, si aplica esta técnica, profundiza en ella dejando de lado el afán y el tiempo, evitará fracasos.

Un paso, dos pasos, tres pasos, adelante...

Todo proceso, o toda causa, genera simultáneamente un mínimo de dos causas.

En la búsqueda del éxito, ganan quienes tienen la capacidad de "ver" en la imaginación las causas futuras, generadas de una decisión inicial.

Cada una de las dos opciones, se abre en cuatro, estas en ocho, en dieciséis, así sucesivamente, son las ramas de un árbol, que van generando más ramas, por ende, se debe ir en la medida que aparecen o se abren, mirando hacia donde se dirige.

Corregir antes es mejor que corregir después, cuanto más tarde se tomen decisiones, más complicado será retornar al equilibrio.

Ir paso a paso, pero mirando cuatro pasos adelante, permite a la mente creadora utilizar la imaginación al máximo, asociando, atrayendo, direccionando.

De esta manera, se evita el descontrol y se prepara para lo inesperado.

Todo debe ser evaluado en conjunto, clima, lugar, fechas, fases de luna, estaciones, situaciones políticas, sociales, todo en conjunto forma un todo.

Un paso adelante, dos pasos, tres pasos, en invierno se crea lo de verano, en otoño lo de primavera, así sucesivamente.

Sumas y restas

Es básicamente el mejor método para controlar los planes y proyectos, la esencia base de toda administración se reduce a dos operaciones, sumas y restas.

Estas se aplican a todo, tiempo, dinero, vida, productos, personas, consumo, consumidores, de esta operación se designa el desarrollo personal para obtener el éxito.

Se suma en conocimiento, se suma en ahorro, se suma en inversión, se resta en mal gasto, derroche, abandono.

Existen dos bienes fundamentales en el éxito, el tiempo y el dinero, quien aprende a sumar y restar en estas dos áreas, sin duda mantendrá la mente en evitar el fracaso, puede que se piense que el tiempo no es valioso, pero, es lo más preciado, igual que el dinero que se sugiere que no lo es todo, bueno, cuando se desea éxito de verdad se comprende que el dinero lo es.

Unir tiempo y dinero, construye bases solidas para el futuro, para alcanzar las metas se requiere de una mente abierta, aprovechar todo el conocimiento posible, valorar las oportunidades, estar al día con las nuevas tecnologías, aplicar, probar, evaluar, imaginar, y volver a imaginar. (*Véase el libro* **Estrategia mágica Suerte y Liderazgo**)

La imaginación en acción

Vamos a mirar con un ejemplo como se obtiene el éxito y como se evita el fracaso.

Sandy, una joven que estudia bisutería y Joyería, aprende el arte y durante varios años es empleada.

188

Pero... Un día se dice: "Es la hora de comenzar mi propia empresa, ser exitosa, tener fama, dinero y una buena vida".

Hasta ahí... Todo perfecto...

Comienza por buscar un local, donde pueda tener su taller, y atender el público, lo cual consigue en poco tiempo, un local amplio, un arriendo cómodo, una superoferta.

Ideal para lo que desea, y...

El afán de tener un negocio propio o una meta hace que se pierda la perspectiva de otros elementos, la oferta o el menor costo apresura las decisiones. No se miran las diferentes variantes.

 189

⊠ ¿Cuál es la razón para que la renta sea tan económica?

⊠ ¿Es el sector seguro, e ideal para su tipo de negocio?

⊠ ¿Tiene algún tipo de problema, o alguna falla estructural?

⊠ ¿Es un punto estratégico para vender ese producto?

El Fracaso

Si se toman decisiones apresuradas pensando en gangas u ofertas la imaginación genera un proceso del posible logro, pero, decisiones mal tomadas, conducen al inevitable fracaso.

⊠ Para comenzar un negocio, no se necesita de un gigantesco espacio.

⊠ Se inicia desde lo pequeño, mientras se aprende a administrar, lentamente se va creciendo.

⊠ Espacios muy amplios y vacíos, son sitios donde el progreso se detiene.

Es ahí, donde la imaginación permite observar hacia el futuro las diferentes posibilidades.

Es el punto de no retorno, si se aceptan los compromisos, y estos luego demuestran un error, el costo de este, es irrecuperable.

... Sandy, analiza, evalúa, mira que, a pesar de ser una ganga, considera que no es el lugar para comenzar, y rechaza la oferta.

Éxito... Decisión acertada.

Posteriormente consigue un local mejor adecuado con sus necesidades, e imagina... voy a fabricar joyas, vendrán mujeres, hombres, niños, porque no colocar también una especie de cafetería para que dialoguen...

Pero si tengo una cafetería quizá también pueda ofrecer productos de belleza y ropa, y en un rincón podría poner una mesa de manicura...

Está imaginando... Posibilidades...

✼ Usted que lee estas líneas... Como le parece el trabajo mental de Sandy, que quiere progresar y crear un futuro de éxito... Está de acuerdo con sus apreciaciones, a su negocio efectivamente van a ir muchas personas... Usted que opina... Piense, analice y concluya.

Si bien las imágenes de Sandy tienen sentido, lógica, y son buenas, y, el pensamiento divergente es la forma de ampliar las posibilidades futuras, se debe evaluar más profundamente.

Si Sandy ejecuta esas acciones fracasará en su negocio.

✼ El conocimiento que tiene es de fabricar joyas y bisutería, no de atender una cafetería, ni de distribución de productos ni de manicura.
✼ Sandy piensa en un pequeño supermercado de productos, lo cual le aleja de su verdadero interés.

Todo el local debe estar relacionado con productos de joyería y bisutería, cada centímetro.

Sandy, nuevamente se detiene y observa el salón, en su imaginación divide los espacios, mira las opciones e imagina...

"En lugar de una cafetería, puedo tener un salón y enseñar lo que sé, los alumnos fabrican productos en la medida en que aprenden, así se gana por enseñar y por venta, en el rincón de la mesa de manicura mejor ubicaré una vitrina con venta de productos para joyería y bisutería, así los alumnos los adquieren"

Una mejor decisión... Éxito...

La imaginación de Sandy ha logrado que evalúe diferentes opciones y alternativas, no precisamente buscando el éxito sino, "evitando el fracaso"

Con el complemento de un curso de administración, reinversión de ganancias, usos de estrategias comerciales, sin importar en que área del conocimiento se quiera avanzar, se logra.

Sugerencias

⊠ No se aventure en negocios o responsabilidades que no conoce.

⊠ Evalúe riesgos, siempre.

⊠ Todo deseo de progreso es un proceso lento, que toma tiempo, no se debe pensar que inmediatamente dará ganancias.

⊠ Evite la ansiedad y el afán.

⊠ Es prudente empezar con algo pequeño, ir conociendo, haciendo escuela, lentamente se va progresando sobre bases sólidas.

⊠ Capacítese constantemente, Manténgase al día con las nuevas tecnologías.

⊠ Para comenzar no se requiere de grandes presupuestos, el asunto es saber administrar, reinvertir, avanzar, paso a paso.

⊠ En todo evento de la vida donde se quiere progresar el ahorro es una pésima inversión, el dinero debe producir más dinero, invertir es el mejor ahorro, es más productivo la finca raíz, que un ahorro bancario.

⊠ Evitar el fracaso requiere disciplina, constancia, voluntad, grandes dosis de energía.

WICCA

No se deje abatir si las cosas no funcionan como usted desea, analice qué está mal, qué falta, qué sobra, en qué se está fallando.

Magia y suerte

Sin duda el éxito tiene consigo un componente importante pocas veces evaluado, la suerte y la magia. Es importante conocer y reconocer apartes de este tema teniendo en cuenta algunas sugerencias.

Indague si el lugar ha tenido problemas, existen sitios embrujados donde nadie progresa.

Conozca, indague, averigüe, perciba como es la energía de las personas con las que va a laborar, personas tóxicas o problemáticas atraen grandes problemas.

Recuerde, cada vez que alguien progresa, atrae la envidia de los más cercanos.

La magia es invisible al igual que la suerte debe estar atento con las señales.

Evite al máximo contar sus planes o ideas.

No confíe en nadie.

❊ Conozca las secuencias entre avance, pausa y mengua, así sabrá cómo actuar y cuando algún evento mágico está ocurriendo.

❊ Usted quiere éxito y dinero, por ende, valore el dinero, no lo preste, y no sirva de beneficencia, dinero prestado o regalado, es una inversión fallida que luego le hará falta, además pierde su suerte, se creará un problema futuro cuando lo trate de recuperar.

❊ No cuente sus avances sea discreto.

❊ Aprenda a decir NO.

❊ No tenga personas de confianza.

Todo el universo de la magia y la suerte, lo encuentra en los libros de Wicca escuela de magia, que sin duda le serán de gran ayuda y beneficio.

La imaginación tiene el poder de cambiar su vida y su mundo si la sabe utilizar.

La naturaleza en su sabiduría produce una serie de cambios degenerativos e inevitables, que conducen a la muerte.

No existe nada que sea eterno, pero si la forma como la imaginación ayuda a mantener un cuerpo sano, ralentizando el proceso o aumentándolo.

Al igual que la mente genera alteraciones físicas o enfermedades, también genera sanación mental.

La mente y la imaginación causan los cambios emocionales que lentamente van armonizando las áreas que se encuentran alteradas.

Si bien la vida cotidiana cargada de estrés angustias, vivencias negativas, sentimientos encontrados, crisis nerviosas, etc., En ocasiones impiden tener la calma suficiente para lograr estar en armonía, se debe lograr "buscar" un momento diario para estabilizar el pensamiento.

Usted actúa sobre el universo y su mundo exterior y usted controla y define lo que piensa o lo que llega a su mente.

Auto control mental

En esto radica el secreto de mantener un estado emocional armonizado, control mental, control de las emociones, capacidad de limitar las acciones instantáneas, que son las causantes para desencadenar un torrente de emociones descontroladas.

Se debe educar en la técnica de los 3 minutos, 3 horas, 3 días, 3 meses, entrenar la mente de manera constante para realizar este ejercicio.

Cómo funciona

Tres minutos

Cuando tenga que dar respuestas, contestar correos, evitar una discusión, siempre piense en 3 minutos para contestar, autocontrólese para evitar la inmediatez, y para decir lo que primero le venga a la mente.

Mientras se toma los tres minutos, respire profundamente, relaje cualquier parte de su cuerpo que entre en tensión, si permite esas tensiones se convertirán en enfermedades.

Piense e imagine lo que sus palabras producirán, trate de dejar pasar los ataques, no reaccione de manera violenta, serénese, piense, medite tres minutos, relajarse y luego evalúe que es mejor si contestar o hacer silencio, se evitará muchos problemas, las palabras dichas o comentarios hechos no se recogen.

En la medida de práctica constante, aprenderá a contenerse, esto lentamente va educando a su mente para que se encuentre en armonía.

Tres horas

Al tener que tomar decisiones que van a trascender en su vida, renunciar, o firmar contratos, aceptar invitaciones, propuestas, salidas, paseos, viajes, compromisos, responsabilidades, compras impulsivas, o diversas situaciones que generaran diferentes resultados en futuro, tómese al menos tres horas para evaluar las diferentes variantes, qué pasa, si hace, qué consecuencias traen el decir si, puede aceptar ese compromiso, algunas personas por el afán firman contratos, compras a largos plazos, servir de fiadores, prestar dinero, asumir cargas económicas, dejarse llevar por impulsos, por eso es prudente al menos tener 3 horas de meditación, evaluar, mirar, comparar, cotizar, medir consecuencias y luego al estar seguro, actuar.

Tres días

Existen compromisos que pueden durar años, bien como avance y progreso, o bien como una carga y un problema, comprar un auto, hacer un negocio, hacer una inversión de riesgo, programar vacaciones o viajes, saber que estudiar, asumir prestamos o prestar, una cirugía que no sea emergencia sino vanidad, responder alguna solicitud, aclarar alguna situación, tener o deber contar algunos sucesos, iniciar un proceso jurídico.

Todas las situaciones futuras que se puedan generar en magnitud de una decisión importante deben ser evaluadas al menos por 3 días, mirar opciones, evitar conflictos, analizar procesos, tener calma e imaginar las diferentes situaciones.

Al asumir de manera inmediata algún compromiso al largo tiempo, esto genera imágenes alteradas que se mantendrá hasta terminar con el compromiso donde se siente la liberación y del descanso, pero llega a durar años.

En realidad, no es tanto el compromiso y sus consecuencias, es como se lleve el compromiso, motivación o equivocación.

Pensar, imaginar, reflexionar en la serenidad, permite tomar decisiones objetivas, limpias, con una visión clara de los diferentes eventos que lleguen a surgir.

Tres meses

Otras decisiones más complejas toman más tiempo, el matrimonio, tener hijos, compra de casa, traslado, emigración a otro país, el inicio de un nuevo estudio, una cirugía estética de alto riesgo, asumir responsabilidades difíciles de abandonar, asumir situaciones de riesgo a largos plazos, comprometerse con alguna responsabilidad adicional a su vida.

Al ser decisiones más complejas con mayor riesgo de comprometer su futuro, deben ser evaluadas con calma en todas sus posibles variantes y consecuencias, el tiempo permite tener la certeza de qué es lo que se debe hacer.

Inmediatez

En la vida se presentan momentos de acciones rápidas que no dan tiempo, estas ejecuciones dependen del entrenamiento y conocimiento que se tenga al ejecutarla, la improvisación y desconocimiento por lo general agrava la situación en lugar de aliviarla.

Uno de los enemigos de esto, es el "ego" suponer equivocadamente que lo sabe hacer.

Aun, en el extremo caso que deba actuar, debe ante todo tener calma y evaluar de manera inmediata riesgos y soluciones, buscar ayuda, en el caso en que la situación no lo permita, la magia sugiere dejar actuar al instinto, en ocasiones es prudente las reacciones naturales a las racionales.

Pero al máximo evite asumir la realización de actos osados, que llegan a terminar complicando todo.

El ejemplo clásico de la gota de agua que escapa, en lugar del llamar al plomero, se inicia la reparación y por último toca llamar a los bomberos para detener la inundación.

Siempre ante cada situación, se debe serenar la mente e imaginar las diferentes opciones, en sus dos polaridades, construcción o destrucción, positivas o negativas, con esto en claro se toma la decisión.
Al tener la capacidad de evaluar las situaciones futuras, esto evitará, estrés, angustias, alteraciones, mal genio, depresiones, enfermedades, desesperación, etc.

Nada produce más alteraciones mentales, que el arrepentimiento de haber tomado decisiones equivocadas, haber dejado pasar oportunidades valiosas, ejecutar actos secretos que luego perturban la mente, tener que vivir ocultando acciones, sentirse avergonzado, llevar a cuestas vivencias impublicables.

Todos estos engramas terminan produciendo problemas físicos y enfermedades.

Enfermedades

Todas las enfermedades son posibles de sanar mediante la imaginación y los estados emocionales, en los hospitales los pacientes en recuperación hacen eso, recuperase tanto física como mentalmente.

Efecto fantasma

Es la enfermedad que no existe, pero genera síntomas como si existiera. Algo que sucede con las personas que pierden una extremidad, a pesar de que no existe físicamente, sigue existiendo en su pensamiento.

Se le debe mostrar al cerebro que ese miembro no existe.

Ahora bien, existen enfermos sin enfermedades, pero en su imaginación las crean aumentando los síntomas, la imaginación puede cambiarlo todo, evitando las enfermedades fantasmas.

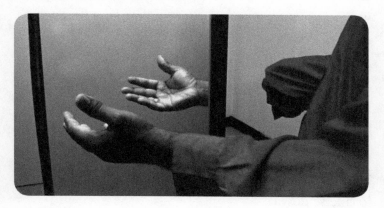

Es importante aclara que la imaginación ayuda en todo tipo de enfermedades, aun en la sanación por causa de traumas o daños físicos severos.

¿Cómo se hace?

La técnica es algo compleja ya que al tiempo abre la puerta a algunos fenómenos paranormales.

Las enfermedades son fantasmas de la mente, si está firmemente convencido de que las posee así es, si está firmemente convencido de que está sano así será.

⊠ Mírese en un espejo... Totalmente desnudo...

⊠ Vea cada parte de su cuerpo, observe sus tensiones, analice en donde está la enfermedad que le aqueja, recuerde desde cuándo comenzó, que ocurrió en su vida antes que apareciera, vea en su mente los eventos que antecedieron.

⊠ Si vivió un episodio accidental y tiene alguna lesión, debe imaginar su cuerpo sano, contemple sin miedo su realidad.

⊠ Imagine como se modifica y cambia tanto su exterior como interior.

⊠ Los milagros consisten en imaginar poderosamente lo que se desea.

⊠ Sienta internamente su cuerpo, hable con él, imagine la corriente de su mente como induce la sanación.

⊠ Al encontrar tensiones producto de emociones pasadas, mirando en el espejo intente asimilarlas en su mente.

⊠ No importa las secuencias vividas, ni los recuerdos tormentosos, vea su presente hoy, anule las emociones que le producen, por ende, sentirá alivio.

⊠ Vea su reflejo, tantas veces como necesite, trate cada de vez de ver algo mejor, nuevo peinado, cambio de color del cabello, nuevo corte, etc.

⊠ Haga deporte, ejercítese, aunque piense que no lo logrará, hágalo.

⊠ Si usted le exige a su cuerpo, su mente lo hará recuperar.

Al contemplarse en un espejo verá su aura o campo de energía, al igual puede desarrollar fenómenos de clarividencia, Hialoscopia y consciencia viajera.

Se recomienda la lectura de los libros de **Wicca Escuela de Magia**

⊠ *Vampirismo Psíquico*
⊠ *Hipnosis*
⊠ *Desdoblamiento Astral*

Efecto placebo

En estado de relajación, así como conoce síntomas de enfermedades a través de diferentes canales ejecute lo siguiente:

Investigue diferentes tipos de medicamentos que tratan sus dolencias, véalos, estúdielos, conozca sus beneficios, entérese de todo lo referente con su malestar y el medicamento.

Tome una foto del empaque, mire si es un jarabe, una pastilla, etc., Durante quince días seguidos, cada noche al acostarse, mire el empaque, recuerde los beneficios del medicamento, imagínelo...

Vea en su mente claramente como lo consume, como se lo aplica, como lo usa, hable con su cuerpo, sienta que ese medicamento imaginario hace su efecto... Es un medicamento mental, sienta... su efecto... Serénese profundamente con la convicción que se va a curar.

La fuerza de la imaginación no tiene límites, usted proyecta lo que imagina, más que la sanación física, debe existir la armonía del pensamiento. Las personas longevas que viven muchos años lo hacen por la forma como manejan su pensamiento.

Nada enferma más que los conflictos mentales, las emociones, los sentimientos mal manejados, todo está en controlar la mente.

Las brujas

Portadoras de sabiduría, curaban con la magia del pensamiento, rezando las enfermedades, relacionando la ley de la atracción de lo semejante, descubra ese poder en los libros **THE WITCH.**

El universo y todo cuanto existe solo está en su imaginación.

Gracias por adquirir este libro, el poder del pensamiento, la imaginación, es la fuerza por la cual el universo existe.

Usted es el creador de su mundo, el constructor de su destino, la fuerza que mueve este espacio tiempo.

Usted es el dueño de un poder incalculable.
Gracias

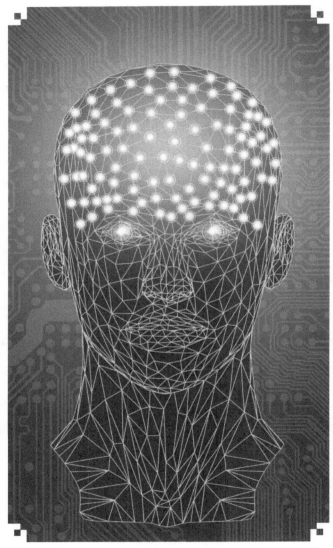

OMAR HEJEILE CH.

Enciclopedia Universo de la Magia

¿Desea aprender magia?

Ingrese a la escuela de la magia a través de nuestra enciclopedia en Ofiuco Wicca. El poder oculto de la mente, la influencia sin espacio ni tiempo. Un conocimiento guardado por milenios, ahora en sus manos.

WWW.OFIUCO.COM